L'INDUSTRIE
FRANÇAISE

LES HOUILLES — LES TRANSPORTS

PARIS

INVENTAIRE
V 41,977

L'INDUSTRIE FRANÇAISE

APRÈS

LE TRAITÉ DE COMMERCE

L'INDUSTRIE
FRANÇAISE

APRÈS

LE TRAITÉ DE COMMERCE

LES HOUILLES — LES TRANSPORTS

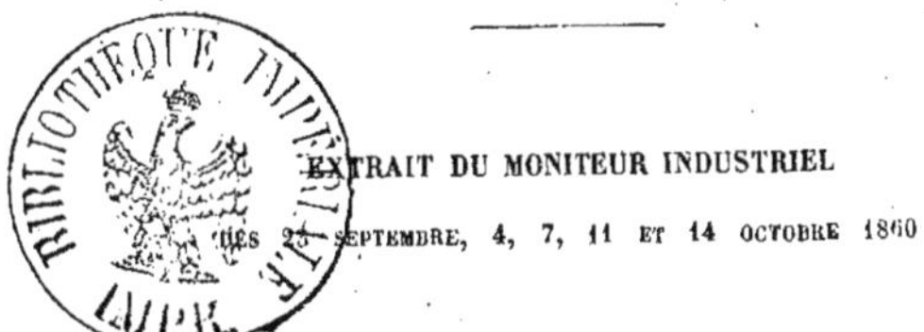
BIBLIOTHÈQUE IMPÉRIALE — IMPR.

EXTRAIT DU MONITEUR INDUSTRIEL

DES 23 SEPTEMBRE, 4, 7, 11 ET 14 OCTOBRE 1860

PARIS

IMPRIMERIE POITEVIN ET COMPAGNIE

2, RUE DAMIETTE

1860

SITUATION

DE

L'INDUSTRIE ANGLAISE

AVANT LE TRAITÉ DE COMMERCE

Nos lecteurs se rappelleront peut-être la discussion sérieuse à laquelle nous nous sommes livré à cette place, au sujet du traité de commerce, pour en interpréter la sens et la portée de manière à déterminer les véritables bases sur lesquelles devaient être établies les importantes stipulations réservées aux conventions de conversion.

Nous persistons à penser que nous étions dans le vrai, que notre interprétation était juste et que la mesure que nous avons donnée était

1

exacte ; si cette mesure est dépassée, si l'on va
plus loin que ne l'aurait voulu ce que nous
croyons être la saine interprétation du traité de
commerce, ce ne sera pas notre faute, et nous
n'aurons à nous reprocher ni notre silence, ni un
manque de modération ou de convenance dans
notre langage.

Nous pourrons, au surplus, bientôt savoir jusqu'à quel point nos appréciations seront dépas-
sées : le moment approche où la première cón-
vention de conversion doit paraître, et par elle
le destin de l'industrie française sera définitivement
fixé.

Nous devrons, dès que nous en serons là, aborder résolûment l'examen de la situation nouvelle
qui sera faite à l'industrie française par cette convention, qui, convertissant en faits réels les bases
générales posées par le traité de commerce,
en mettra hors de tout doute la véritable
portée.

Sans prétendre connaître à l'avance ce que cette convention doit nous apprendre, il nous est permis de comprendre, d'après tout ce qui a transpiré jusqu'ici, que dans les conditions à établir pour chaque industrie, on s'est préoccupé de rendre la concurrence anglaise sérieuse, réelle, encore plus que de conserver à l'industrie française une protection efficace.

Nous aurions désiré que ce fût l'inverse, c'est-à-dire que l'efficacité de la protection fût considérée comme la première condition à remplir, et la réalité de la concurrence anglaise, la seconde.

Mais enfin, si nos vœux ne sont pas accomplis, si réellement l'industrie française se trouve, par les nouvelles stipulations, définitivement découverte vis-à-vis de l'industrie anglaise, le moment sera venu pour nous d'examiner à fond la nouvelle position où elle va se trouver, et de chercher hardiment les moyens qui peuvent rester pour sa défense contre une formidable rivale.

Préparons-nous donc à cette sérieuse étude, dont la base sera naturellement la comparaison entre les conditions nouvelles sur lesquelles les deux industries rivales, anglaise et française, vont avoir à lutter ; et en attendant que ces conditions nouvelles nous soient connues, avant même qu'elles existent, déblayons un peu le terrain, en établissant l'état où elles se trouvent en ce moment; ce sera une préparation utile pour la question que nous voulons traiter.

Nous ne nous dissimulons pas qu'il ne peut guère s'en présenter de plus grave.

Il n'est personne qui ne place au premier rang des plus hautes questions politiques celle de la comparaison entre les puissances respectives de la France et de l'Angleterre. — Force militaire, armée navale, armée de terre, état politique à l'extérieur, à l'intérieur ; les destins de la France et de l'Angleterre, ceux du monde entier, dépendent de la relation entre ces divers éléments dans les deux pays.

Ces deux puissances rivales, placées en face et tout près l'une de l'autre, entraînent malgré lui l'univers dans leurs évolutions, et tout le monde sent que la prépondérance définitive et absolue de l'une d'elles ébranlerait le monde.

Mais ce serait une grande erreur de croire que, parmi les forces à comparer dans les deux pays, on peut négliger la puissance industrielle.

Bien au contraire, il n'est plus permis de douter aujourd'hui que l'industrie, dans son acception la plus large, ne soit un des principaux éléments de la puissance réelle des nations.

Et d'ailleurs, est-ce que l'on peut ignorer que pour les hommes d'État anglais la véritable importance des questions politiques internationales, grandes ou petites, réside dans les conséquences commerciales et finalement industrielles qu'elles impliquent?

Si la puissance militaire, si l'influence politique de la France sont pour les Anglais l'objet d'une inquiétude jalouse incessante, qui va parfois jusqu'à de puériles frayeurs, le développement de l'industrie française, même sur la plus faible échelle, les agite et les tourmente comme une menace éloignée contre la base un peu étroite peut-être du formidable édifice de leur puissance nationale.

C'est par ce côté de la question, pour le dire en passant, que nous paraît surtout dangereuse l'erreur de ceux que l'Angleterre a su convertir aux idées libre-échangistes.

Le libre-échange, c'est, dans une certaine mesure et dans les vues habiles et persévérantes de l'Angleterre, la consolidation de la puissance anglaise par le développement assuré de son indus-

trie. Tout ce que le progrès des doctrines du libre-
échange ferait gagner à l'industrie anglaise au
détriment de l'industrie française, viendra assurer
et élargir d'autant cette base étroite, qui aurait pu
devenir fragile, si les autres nations avaient cru
devoir résister aux entraînements de la prétendue
science économique que l'Angleterre leur recom-
mande sous toutes les formes. Sous ces inspira-
tions, cette École raisonne comme s'il n'y avait
plus dans le monde de distinction d'intérêts natio-
naux, de luttes entre des puissances nationales.
Elle nous prêche les douceurs de la fusion des
intérêts industriels des deux pays, pendant que,
par la plus étrange coïncidence, nous voyons, à
tous les étages de la société anglaise, les efforts les
plus exagérés pour entretenir et exciter l'esprit
d'hostilité contre la France, jusqu'à susciter la for-
mation de ces corps de volontaires de toutes
les couleurs, qui s'exercent au tir de la cara-
bine pour répondre sans doute, par des salves
innocentes, aux discours tels que celui de Mont-
pellier.

C'est là qu'est la plus grave erreur de nos adversaires et là qu'est le danger le plus sérieux.

Ne voyons-nous pas, en effet, à chaque question qui se pose dans le monde, surgir à l'instant même une dissidence entre les vues de l'Angleterre et celles de la France ?

Nous sommes cependant à peu près d'accord en Chine, nous l'avons été à peu près en Crimée, parce que là et là la grande et généreuse politique de la France la conduisait à faire, spontanément, précisément ce que les intérêts anglais auraient à peine osé lui demander.

Il en est de même pour le traité de commerce : nous sommes d'accord, parce que le traité de commerce réalise le vœu le plus ardent de l'Angleterre, et encore quel accord !

Mais sur les autres questions qui occupent le monde, est-ce que les libre-échangistes peuvent

assez fermer les yeux pour ne pas s'apercevoir
que l'Angleterre et la France pourraient bien être
deux nations distinctes, ayant des intérêts divers,
une politique différente, et véritablement capables
de n'être pas toujours du même avis en tout et
pour tout?

Si donc les deux nations ont dans le monde
des intérêts différents, souvent opposés; si la pru-
dence conseille ou commande de prévoir que
l'accord entre elles peut être troublé; si enfin le
développement de l'industrie des deux pays,
celui surtout de l'industrie anglaise, est, comme
nous venons de le dire, un des éléments principaux de la puissance nationale, on ne saurait se
dissimuler l'importance d'un traité dont les effets
certains pour les deux pays sont d'un côté une
perturbation inévitable, plus ou moins profonde,
pour l'industrie française, dans toutes ses branches,
et de l'autre un développement assuré dans une
certaine mesure pour presque toute l'industrie
anglaise, dont la position, devenue depuis quelque

temps, comme nous le verrons bientôt, un peu précaire et menacée de crises sérieuses, peut être, par là, temporairement du moins, rétablie dans de meilleures conditions.

Nous reviendrons tout à l'heure sur cet important sujet, pour faire apparaître à nos lecteurs, dans sa sérieuse réalité, ce qu'il en est de cette grave situation, dans laquelle l'industrie anglaise s'inquiète et s'agite sourdement sans la comprendre peut-être, mais que les hommes d'État de l'Angleterre, comme toujours, connaissent et apprécient parfaitement; comme toujours aussi, on l'ignore naturellement en France, — on y est en effet généralement assez peu préoccupé des affaires des autres.

Quant à nous, étude faite de l'état des choses, nous pensons que, eu égard à l'influence qu'exerce sur la puissance réelle des deux nations leur situation industrielle, le traité de commerce est un grand avantage concédé à l'Angleterre par la France.

Mais le gouvernement de l'Empereur, on le sait, a vu la question de plus haut.

Il a fait le traité de commerce après avoir formulé son programme économique; on peut en conclure que, si le programme n'avait pas préexisté, il n'y aurait pas eu de traité de commerce.

Il nous sera permis de supposer qu'en posant dès l'abord, par le traité de commerce, des conditions obligatoires auxquelles tout en cette matière doit être subordonné, le gouvernement de l'Empereur a voulu faciliter, en les rendant indispensables, les grandes mesures nécessaires pour la réalisation d'un vaste programme dont le traité de commerce ne serait pas le but, mais la clef, pour l'accomplissement duquel il serait un levier, au moyen duquel tout ce dont le traité de commerce fait une nécessité sera d'autant plus promptement exécuté.

C'est ainsi que le rachat des canaux devenu une opération urgente a été immédiatement décidé.

C'est ainsi que pourront s'accomplir les autres mesures que suggèrera l'étude attentive de la situation que le traité de commerce va faire à l'industrie.

Aide-toi, le ciel t'aidera !

L'industrie doit donc coopérer à cette étude, et il nous sera permis de nous y livrer sérieusement et de dire à nos lecteurs ce que nous pensons qu'il conviendrait de faire pour aider l'industrie nationale dans la lutte suprême qui s'engage en ce moment.

Si d'autres veulent faire comme nous et nous aider de leurs efforts, nos colonnes leur sont ouvertes; et qui pourrait dire que ces efforts seraient inutiles, et que l'étude des questions difficiles ne mène à rien?

Quant à nous, notre opinion est que les solutions ne se trouvent que quand on les cherche. *Quære et invenies.*

Mais, pour une telle recherche, la mission des industriels diffère grandement de celle des pré-tendus économistes; pour ces derniers, les questions les plus délicates, les plus compromettantes pour le sort des classes laborieuses, se résolvent, comme toutes les autres, par quelques formules vulgaires, cent fois répétées, qui dispensent de tout examen; les résultats qu'entraîneraient ces solutions sont incertains, aléatoires, on se con-tente d'une vague espérance de succès, et fina-lement, quoi qu'il arrive, on s'en lave les mains; pour les industriels, il en est autrement : lorsque, dans l'industrie, on aborde une question difficile, et il s'en présente tous les jours, on sait d'avance

qu'on n'a pas la ressource de voir venir indiffé-
remment le résultat, quitte à s'en laver les mains.
On sait que, quelles que soient les conséquences,
on devra soi-même les subir, et c'est avec le sentiment grave et la préoccupation sérieuse d'une res-
ponsabilité personnelle et réelle que l'on étudie,
que l'on projette et qu'on exécute à ses risques
et périls.

On a recours à la vraie science, à l'expérience,
et on avance avec ces précautions, cette vigilance
et cette fermeté prudente, qui sont refusées à
ceux qui s'agitent à la surface des questions neuves
ou usées, en se contentant, pour tout effort d'ima-
gination, de formules insignifiantes, par lesquelles
ils prétendent les résoudre toutes. Traitons donc
en industriels les graves questions qui se posent
en ce moment devant nous.

Prenons en toutes les données, d'une part, le
traité de commerce et les conventions de conversion, par contre, le programme de l'Empereur;

D'autre part, la situation actuelle de l'industrie anglaise et celle de l'industrie française sous les conditions nouvelles dans lesquelles elle va désormais se trouver.

Procédons du connu à l'inconnu, interrogeons les faits et voyons quelle était la situation réelle des deux industries au moment où le traité de commerce est venu renverser la barrière qui les séparait et les mettre en présence l'une de l'autre.

Pour l'industrie française, nous avons précédemment constaté, plusieurs fois à cette place, et notamment le 10 mai dernier, l'état de prospérité et de progrès rapides et continus dans lesquels le traité de commerce la trouvait en présence de l'industrie anglaise.

Nous n'y reviendrons pas en ce moment : notre objet n'est pas, en effet, de dire ce que tout le monde sait, mais plutôt ce que l'on ignore

Nous rappellerons seulement que, dans nos relations commerciales avec l'Angleterre, nous étions arrivés successivement à fournir à l'Angleterre annuellement pour une valeur de plus de deux cents millions de produits français au delà de ce que l'Angleterre nous livre en produits britanniques.

Ceci, quant à présent, nous suffit en ce qui concerne l'industrie agricole et manufacturière.

La situation florissante en France, les progrès rapides d'une autre grande industrie, celle des chemins de fer, nous fourniraient des rapprochements du plus grand intérêt; mais nos observations à ce sujet trouveront plus tard une meilleure place et nous éloigneraient peut-être trop de l'objet principal qui nous occupe en ce moment.

Arrivons donc à la situation véritable et si peu connue de l'industrie anglaise.

A ce sujet, nous avons signalé presque chaque jour quelques symptômes d'une souffrance générale dans l'état du commerce anglais et d'une sorte de décadence dans la plupart de ses relations avec. le monde entier, surtout avec l'Europe, depuis que l'Angleterre s'est appliqué le remède héroïque du *Free-Trade.*

Mais aujourd'hui, ce n'est pas dans ses rapports avec le monde commercial qu'il s'agit pour nous d'examiner la situation de l'Angleterre; ce que nous voulons tâcher de présenter à nos lecteurs, c'est l'état réel de son industrie en elle-même.

Nous ne connaissons rien de plus instructif que cette étude, rien de plus inattendu que les résultats auxquels elle conduit.

Inattendu, non pas entièrement pour nous, quoique notre attente ait été dépassée; — mais inattendu certainement par tous les libre-échangistes du continent, qui nieraient, à coup sûr, les

faits que nous allons préciser, s'ils leur étaient
présentés comme une opinion, comme une appréciation sans certitude, et non comme des faits
irrécusables.

Mais, s'ils sont inconnus de ce côté du détroit,
ces faits sont en Angleterre l'objet des plus profondes, des plus cruelles préoccupations des hommes d'État, et on peut être certain, comme on le
verra d'ailleurs clairement dans la suite de cette
discussion, que ce sont ces faits qui ont décidé le
gouvernement anglais à solliciter de la France
un traité de commerce.

Présenter ici une statistique générale de l'industrie anglaise, obscurcir la question plutôt que
de l'éclairer par des colonnes de chiffres confus et
hétérogènes, des tonnes, des quintaux, des stones
de tous poids, des livres, des onces, des yards des
livres sterling, tel n'est pas notre but; ce que
nous voulons, c'est de soumettre à nos lecteurs

l'état réel, actuel, des industries fondamentales de ce pays.

Nous considérons comme fondamentales en Angleterre :

L'industrie minérale;

L'industrie métallurgique à son premier degré, c'est-à-dire bornée à la première transformation des minerais en produits métalliques; ainsi, pour le fer, à la production de la fonte seulement;

L'industrie des chemins de fer.

C'est, en effet, sur ces trois industries que reposent toutes les autres.

Pour ceux qui sont habitués à étudier les faits industriels des grandes nations comme la France, l'Angleterre, les États-Unis, le signe éclatant, irrécusable de la prospérité industrielle, c'est le progrès.

Depuis longtemps ce progrès en Angleterre a été constant et rapide, et, quand on consulte des documents anglais, ce n'est pas généralement pour y chercher s'il y a progrès ou non, mais pour y mesurer le progrès accompli.

Aujourd'hui, cette loi du progrès qui nous semblait à tous en quelque sorte une condition inhérente à l'industrie anglaise, cette loi semble gravement troublée, et peut-être si le traité de commerce avec la France n'était venu apporter dans les données générales qui régissent le commerce de l'Angleterre un élément entièrement nouveau, et qui peut temporairement raviver le colosse, peut-être nous eût-il été donné de voir l'industrie anglaise, après avoir atteint son apogée et y être restée quelque temps stationnaire, pencher bientôt vers son déclin.

Le traité de commerce, quoi qu'il arrive, aura porté une *perturbation* dans cette phase, dont nous allons signaler les caractères avec une rigueur qui ne le cède à aucune des constatations les plus scientifiques.

Nous sommes en possession de documents officiels anglais, pour les trois années 1856, 1857 et 1858 en ce qui concerne les trois grandes industries que nous qualifiions tout à l'heure de fondamentales; pour simplifier les résultats sur lesquels nous désirons appeler les plus sérieuses réflexions de nos lecteurs, nous avons réuni en un seul chiffre pour chacune de ces trois années les productions totales de ces trois grandes industries.

Nous avons pris les chiffres en argent de la production et non les quantités, parce que nous voulions grouper en une seule masse tous ces importants résultats, afin d'en faire jaillir cette

évidence à laquelle aucune opinion contra-
dictoire ne peut résister.

Au surplus, nous aurons bientôt à revenir sur
les divisions de ces masses respectables dont les
détails seront pour nous la matière d'études in—
téressantes.

En attendant, voici, pour les trois années 1856,
1857 et 1858, les chiffres totaux de la production en Angleterre :

— De l'industrie minérale,

— De l'industrie métallurgique,

— Et des chemins de fer.

Pour les deux premiers éléments, nos chiffres
comprennent la valeur actuelle telle qu'elle est
estimée dans les documents authentiques anglais.

Pour le troisième, les chemins de fer, les chiffres sont ceux des recettes officielles de toutes les lignes comprises dans les documents parlementaires.

Nous garantissons l'exactitude de tous nos chiffres jusqu'à 1 livre sterling.

Voici ce que nous trouvons pour la valeur totale de cette production :

1856   65,430,924 livres   ou 1,635,773,100 fr.
1857   61,737,188   1,543,429,700
1858   57,317,537   1,432,938,425

Voilà, si nous ne nous trompons, une synthèse instructive, des chiffres significatifs, même éloquents, et si nous ajoutons que tous les éléments, sauf un seul (les chemins de fer), suivent avec une analogie frappante cette loi de décroissance que leur ensemble présente, on comprendra que ces rapprochements prennent un caractère de gravité qui a pu et dû éveiller la sollicitude de tous les hommes d'État de l'Angleterre et de tous ceux qui ayant, comme M. Cobden, pris une part sérieuse aux mesures qui ont précédé cet état de choses, si elles ne l'ont préparé, annonçaient au commerce et à l'industrie de l'Angleterre une prospérité qui a été, comme on le voit, bien loin de se réaliser.

On comprendra dès lors que lorsque cette situation a été connue et avérée, non-seulement au moyen de documents qu'il nous a été donné d'examiner, mais par ceux que le gouvernement anglais possédait plus ou moins complets, et qui ne sont pas en notre possession, ceux, par exemple, de l'exercice 1859, que nous nous empresserons de reproduire dès que nous en aurons connaissance ; on comprend, disons-nous, que cette situation bien connue, le gouvernement anglais ait été ramené de nouveau à cette pensée d'un traité de commerce avec la France comme l'unique moyen à tenter pour raviver et ranimer une existence dont la langueur se manifeste par des symptômes aussi certains; c'est que, en effet, on ne voit pas quelle autre ressource restait à l'Angleterre pour remédier à cette situation; les innombrables colonies anglaises sont saturées de ses produits et ne suffisent plus à les absorber; la Chine n'est pas encore ouverte. Il ne lui restait réellement d'espoir que dans le marché français.

C'est que, en effet, la situation était inquiétante au plus haut degré.

Une réduction de cent millions par an sur une production de quinze cents millions !

Une réduction de deux cents millions en deux ans. C'est une réduction d'un huitième sur cette production.

Cela représente tout simplement un chômage de quarante-cinq jours par an pour les centaines de millions de bras employés dans toutes ces grandes industries.

Qui ne voit dès lors quel sentiment juste et profond a poussé l'Angleterre vers ces arrangements qui pouvaient lui promettre, tout au moins, une atténuation pour un état de choses réellement alarmant ?

Si l'on veut, en effet, apprécier plus exactement les conséquences de cette énorme réduction dans le travail national de l'Angleterre et que l'on fasse sortir de nos totaux les chiffres qui se rapportent à l'exploitation des chemins de fer, on trouve que les industries minérale et métallurgique ont produit en 1856.,................. 1,056,000,000 fr.
et en 1858. 834,000,000

Déficit..... 222,000,000

C'est-à-dire plus de 20 p. 100.

Le chômage, dès lors, ne se représente plus sous

la forme de 45 jours par an, mais de 75 jours environ. Ce serait là un véritable désastre national, si on supposait, ce qui est admissible dans une certaine mesure, que d'autres branches plus spéciales de l'industrie britannique auraient subi de pareilles atteintes.

Et, pour le dire en passant, est-ce que nous ne trouvons pas là l'explication de ces crises incessantes que nous signalons chaque jour en Angleterre, et un commencement d'interprétation pour l'étrange phénomène dont nous avons révélé l'existence à nos lecteurs, la rupture éclatante de l'équilibre entre les importations anglaises et les exportations définitivement et gravement débordées?

Ainsi donc, le progrès de la production industrielle arrêté en Angleterre, son état stationnaire et enfin sa décadence révélée et constatée d'une part ;

De l'autre, l'insuffisance énorme et manifeste des exportations anglaises.

Tels sont les motifs qui ont fait pour l'Angleterre, du traité de commerce avec la France, une nécessité de premier ordre.

Cette nécessité, que connaissent parfaitement les hommes capables et éminents qui, comme à l'ordinaire, gouvernent et dirigent à son insu l'opinion publique en Angleterre et que sentent peser sur eux, sans se l'expliquer peut-être, les commerçants et les industriels anglais, explique parfaitement les cris de rage que l'on pousse, de l'autre côté du détroit, chaque fois que l'on a lieu de supposer que l'exécution du traité de commerce pourrait, par la détermination de droits spécifiques restés suffisamment protecteurs, ne livrer à l'industrie anglaise qu'une petite partie du marché français sur l'ouverture duquel on a fondé de si grandes espérances.

Arrêtons-nous un instant pour livrer ce grand phénomène industriel aux méditations de nos lecteurs.

Nous venons d'établir quelle était la situation propre à l'industrie de chacun des deux pays au moment où le traité de commerce, en les rapprochant l'un de l'autre, leur a fait à tous deux une situation nouvelle.

C'est dans cette situation nouvelle, quand elle nous sera connue, que nous nous proposons de rechercher quels sont les moyens que l'on peut utilement employer pour venir en aide à l'industrie française. Nous espérons que cette recherche pourra n'être pas entièrement stérile ; ce sera l'objet d'un prochain article dont la date ne dépend pas de nous.

SITUATION

DE

L'INDUSTRIE FRANÇAISE

APRÈS LE TRAITÉ DE COMMERCE

L'arrêt est prononcé, le sort de l'industrie métallurgique est fixé par le tarif annexé au décret
du 29 septembre, inséré au *Moniteur* du 30.

Le coup est plus rude que nous n'avions pu le
penser, et nous ne faisons aucune difficulté de
reconnaître que nous avons complétement échoué
dans la défense que nous avions osé tenter.

Considérant le traité de commerce comme un
fait légalement accompli, et auquel il fallait
respectueusement se soumettre, nous avions cru

pouvoir demander que les tarifs qui y devaient être successivement annexés, fussent déterminés conformément à ce que nous croyions en être le sens véritable.

Eh bien! voilà le tarif de l'industrie métallurgique arrêté.

Est-il conforme à l'esprit, au sens que nous avions cru pouvoir attribuer au traité de commerce? Nous ne voulons dire à cet égard que deux mots.

Divisons ce tarif en deux parties : la première, le droit de 7 fr., déterminé par l'article 17 du traité du commerce pour les fers alors frappés du droit de 12 fr.; la seconde, tous les autres articles du tarif publié.

Nous le demandons à toute personne possédant quelque notion de ces matières, est-ce qu'il existe la même proportion entre le droit de 7 fr. fixé par l'article 17 du traité, et les droits du nouveau tarif sur les autres articles ?

Et, pour ne prendre que les articles que ce tarif admet au droit de 7 fr., nous étions, nous l'avouons, loin d'imaginer que ce droit de 7 fr., établi *comme élément de conversion du droit* ad valorem *en droit spécifique pour les fers actuellement grevés d'un droit de 10 fr.* (en principal), s'appliquerait à tous les autres fers, jusques et compris ceux qui étaient tarifés à 14 fr., même à 30 fr., tels que les fils de fer au-dessus de 5 millimètres.

Si telle eût été, en effet, la pensée du traité, on se serait dispensé de dire *les fers actuellement grevés d'un droit principal de 10 fr.* On aurait dit tout simplement : les *fers en barres.*

Nous croyons donc pouvoir dire que le tarif du 29 septembre va plus loin, beaucoup plus loin que le traité tel que nous l'avions compris.

Contentons-nous de la simple observation qui précède pour établir en quoi la situation nouvelle diffère de ce que nous avons cru devoir résulter du traité de commerce pour l'industrie des fers.

Quant aux autres industries du pays, l'étrange hallucination d'un des rédacteurs du *Journal des Débats*, qui le 1ᵉʳ octobre discute comme déjà publiée la veille une série de tarifs dont le *Moniteur* ne dit pas un mot, qui n'existent encore que dans son cerveau et dont il donne les détails et les chiffres avec un aplomb singulier, nous fait craindre qu'il n'y ait dans tout cela quelque chose de plus qu'un rêve. Ce que l'on nous donne ici comme promulgué, bien que ce ne le soit pas, pourrait bien se convertir en réalité.

Nous sommes donc malheureusement autorisés à penser que les tarifs qui se préparent, arrêtés ou non en ce moment, ne seraient pas plus protecteurs que celui que nous avons sous les yeux, et partant, nous n'avons pas un moment à perdre pour dire comment nous croyons que l'on peut venir en aide à l'industrie française dans la situation nouvelle et difficile qui lui est faite.

Nous n'avons certainement pas la prétention de proposer des moyens d'une efficacité absolue, mais nous pensons que ceux que nous exposerons peuvent tellement améliorer la situation de certaines industries, que telles qui seraient destinées à périr peuvent par là redevenir viables.

Cette considération nous paraît plus que suffisante pour nous autoriser à présenter à nos lecteurs les résultats de nos réflexions sur cette grave et difficile matière.

Les industries des deux pays étant définitivement en présence l'une de l'autre, nous avons à examiner ce que l'on peut faire pour rendre la lutte moins funeste à l'industrie française.

On comprendra facilement que ce soit dans le programme du 5 janvier que nous voulions puiser ces moyens de défense.

Toutefois, nous sommes loin de penser ou de dire que l'industrie doive s'abandonner elle-même; non, elle doit redoubler d'énergie, d'activité, d'efforts et d'intelligence; mais, semblable à une garnison que défendraient des remparts qui s'écroulent, elle a besoin d'une assistance puissante pour résister, sinon pour vaincre.

Cherchons donc ce qu'il peut y avoir à faire et les moyens d'exécution.

Sous le régime industriel qui a précédé celui sous lequel l'industrie va vivre désormais, les deux industries anglaise et française existaient à peu près complétement séparées l'une de l'autre, et il ne faudrait même pas reculer bien loin dans le passé pour trouver, en Angleterre, des barrières plus fortes et plus élevées que celles que la France s'était données.

Mais la situation générale de ce pays en avait, depuis quelque temps, provoqué l'abaissement successif et même la prétendue suppression.

C'est que, en effet, à mesure que l'industrie de l'Angleterre, sous l'influence de sa production houillère, de la configuration du sol et du voisinage de la mer partout accessible, du génie de ses habitants et enfin de l'accumulation des capitaux, eut pris un développement rapide, gigantesque, disproportionné, les hommes d'État habiles et résolus qui sont toujours à son service comprirent qu'il lui fallait, pour cette industrie croissant sans mesure, un marché immense, capable d'absorber, et d'absorber toujours l'exubérance de ses produits, et conséquemment entiè-

rement ouvert à toutes ses relations commerciales.

Mais, avant d'ouvrir définitivement ses propres
frontières à ces communications qu'elle voulait
entièrement libres pour elle, elle a, pendant
quarante ans, poursuivi avec une persévérance
habile et, on peut le dire, héroïque, la tâche
difficile du dégrèvement des classes laborieuses.

Cette œuvre immense, commencée dès 1821,
par la suppression de l'impôt du sel, a été cou-
ronnée dans ces derniers temps par le rappel
définitif de la loi des céréales, l'abrogation de
l'acte de navigation, et enfin la consolidation
de l'*income tax*, sans compter le développement
de la taxe des pauvres. Tout ce travail financier,
politique, administratif, intérieur et extérieur, n'a
eu qu'un seul but : exonérer les classes laborieuses de tout ce qui, dans les combinaisons
sur lesquelles était établie l'organisation même de
la société anglaise, faisait peser alors sur elle une
charge financière, sous quelque forme que ce soit.

Si l'on veut, en effet, comparer les éléments du budget de l'Angleterre, aujourd'hui et il y a quarante ans, on verra avec quel soin minutieux ont été supprimées ou réduites toutes les taxes qui portaient directement ou indirectement sur les classes ouvrières. Nous exceptons naturellement les impôts sur les boissons.

Cette réforme financière, poursuivie vaillamment par les hommes d'État de l'Angleterre pendant près d'un demi-siècle, a porté ses fruits.

Lorsqu'elle a été entamée, les salaires en Angleterre étaient à un taux tellement élevé, relativement à ceux du continent, qu'on pouvait alors considérer comme presque impossible de les ramener à l'égalité, et cependant on peut dire qu'ils sont aujourd'hui à peu près nivelés, comme au surplus l'enquête doit l'avoir établi. C'est que du moment où, les guerres de l'Empire finies, l'Angleterre se trouva en face de l'industrie française apparaissant comme une rivale dangereuse, et de celle.

des États-Unis qui, dans un horizon lointain, s'apercevait déjà naissante et menaçante, elle se mit immédiatement à l'œuvre pour préparer son industrie à une lutte décidée, sur tous les marchés de l'univers.

Tout en maintenant, développant, renforçant son régime de protection excessive, de prohibition poussée au degré le plus extrême, elle entreprit cette tâche difficile de mettre son industrie au niveau de celle des nations les plus favorisées, quant au seul élément pour lequel elle ne leur fût pas supérieur,

Combustible, voies de transport économiques, distances à parcourir, abondance et bon marché des capitaux, intelligence, habileté, patience et persévérance du travailleur, habitudes du travail industriel dès l'enfance et presque de génération en génération, pour toutes ces conditions l'Angleterre n'avait pas de rivaux dans le monde, et elle sentait parfaitement sa supériorité; mais il y avait un point pour lequel elle reconnaissait, au contraire, son infériorité, infériorité inquiétante, pour elle, et qui pouvait devenir funeste à son industrie, c'était le taux des salaires.

Ce qu'elle entreprit donc résolûment, ce fut l'abaissement relatif du taux des salaires anglais; ce fut cette œuvre immense, digne, il faut le reconnaître, de l'admiration des contemporains et de la postérité, le remaniement de tout le régime financier de l'Angleterre pour reporter toutes les charges du budget des classes laborieuses sur les classes qui possèdent.

Cette œuvre a été accomplie en quarante ans de travaux persévérants, quelquefois courageux jusqu'à l'audace, des hommes d'État qui se sont succédé en Angleterre et y ont poursuivi un but inaperçu de la foule, sorte de secret d'État qu'ils se sont transmis les uns aux autres, véritable fanal qui les a guidés dans leurs réformes économiques, et les a amenés finalement à la situation où nous voyons l'industrie anglaise aujourd'hui, situation telle, que, si l'on établit un compte comparatif réel, sincère et exempt d'erreurs, on arrive à cette conclusion qu'aucune des branches importantes de son travail ne dépense en main-d'œuvre plus et souvent autant que les industries étrangères rivales.

C'est là, il faut le reconnaître, un grand résultat obtenu, mais c'était une œuvre de longue haleine, qui exigeait une suite dans les idées, une unité de vues, qui eussent été impossibles chez nous.

Pendant les quarantes années, en effet, que l'Angleterre a employées à cette remarquable transformation, combien de révolutions la France n'a-t-elle pas subies, et combien de changements de système!

Nous ne pouvons donc pas, en félicitant l'Angleterre de l'avoir accomplie, blâmer la France de n'avoir rien fait de pareil. Elle ne l'aurait pas pu; elle n'avait pas d'ailleurs la même chose à faire.

Ce n'était pas, en effet, quant à la main-d'œuvre qu'elle avait à redouter la concurrence anglaise; c'était, quant aux autres conditions auxquelles nous faisions allusion tout à l'heure, que, sentant sa grande infériorité, elle l'acceptait et s'y résignait, ne cherchant pas à disputer à l'Angleterre le marché de l'Univers, mais voulant surtout se réserver à elle-même le marché français, qui pouvait à lui seul à peu près suffire à la prospérité de l'industrie nationale, pendant que l'industrie anglaise, restreinte au seul marché anglais périrait à l'instant.

Aussi, pendant que l'Angleterre mettait au service de l'extension de sa production et de ses débouchés, non-seulement l'habileté politique et administrative à laquelle nous venons de rendre hommage, mais encore toute sa puissance, toute son influence dans le monde, de son côté, la France, pendant le demi-siècle qui vient de s'écouler, a pu se contenter du régime protecteur, comme seul moyen de développement de son industrie, à laquelle ce simple appui a suffi pour la porter au premier rang dans le monde, tout près de l'industrie anglaise, et souvent au pair avec elle, quelquefois même au-dessus.

Ce régime était tellement conforme aux véritables intérêts de l'industrie nationale et du pays tout entier, que dans cette série de révolutions que la France a subies, il a été toujours soigneusement maintenu ; les dynasties, le système de gouvernement, l'organisation sociale elle-même, pour ainsi dire, changeaient, le régime protecteur restait.

Mais le gouvernement de l'Empereur, auquel le succès semble assuré dans les plus grandes entreprises, a entamé une sérieuse dérogation à ce système, dérogation à laquelle la convention

qui vient de paraître nous semble donner une
plus grande portée que celle que nous avions
attribuée au traité de commerce.

Avant l'Empire, cette nouvelle voie eût été
dangereuse, peut-être impraticable ; mais quand
un gouvernement en France a la force et la volonté, il peut exécuter des prodiges, et ce sera
une œuvre digne d'un grand gouvernement de
mettre l'industrie française en mesure de résister dans la nouvelle situation où elle va se
trouver.

C'est le cas, en effet, pour la France, de mesurer comme le faisait l'Angleterre au retour de
la paix, les conditions d'infériorité de son industrie, et de chercher les moyens de les modifier
de manière à lui rendre la lutte possible.

Ici, il ne s'agit plus de consacrer un demi-
siècle à des transformations successives pour arriver lentement à un nouvel état de choses ; il

s'agit au contraire de pourvoir immédiatement à une nécessité urgente devenue telle, par la volonté même du gouvernement, et à laquelle conséquemment il est déterminé à pourvoir.

Nous disions tout à l'heure qu'en France, nous n'avons pas eu à notre disposition, pendant le demi-siècle qui vient de s'écouler, cette tranquillité, cette stabilité qui ont permis à l'Angleterre de poursuivre pendant le même temps une tâche laborieuse, difficile, compliquée, sans jamais la perdre de vue et sans la voir compromise par des grandes perturbations politiques.

Mais nous savons par expérience de quoi un grand pays comme le nôtre est capable, et avec quelle promptitude les résultats les plus considérables peuvent y être obtenus.

Nous pourrions citer à cet égard plusieurs exemples dont aucun n'a été indifférent pour l'Angleterre, mais les plus frappants peut-être se

rapportent aux développements de la puissance
militaire et navale de la France : passons-les sous
silence et contentons-nous d'en rappeler un seul,
dont tout le monde a chaque jour les éléments
sous les yeux, et dont les prodiges se sont accomplis en même temps que ceux dont nous ne par-
lons pas.

Si l'on veut, en effet, examiner avec quelque
attention les progrès de l'industrie des chemins de fer en France, on ne peut se dé-
fendre d'une certaine surprise en présence de la
mesure exacte des résultats obtenus.

Dans les huit années écoulées de 1850 à 1858,
le capital employé dans la construction des chemins de fer français s'est augmenté de 400 millions de francs chaque année ; en même temps
l'accroissement des recettes des Compagnies a été
de 32 millions par an.

C'est-à-dire que l'on peut assigner aux progrès de cette importante industrie, pendant ces huit années, cette gigantesque mesure.

1° Chaque jour onze cent mille francs ont été dépensés pour la construction des chemins de fer et ajoutés au capital énorme accumulé dans cette industrie.

2° Chaque jour aussi, pendant ces huit années, les recettes des chemins de fer français se sont accrues de près de *cent mille francs* en moyenne ; c'est-à-dire que chaque jour la recette des chemins de fer français a dépassé de cent mille francs la recette de la veille.

Ce double accroissement s'est produit sans interruption pendant les trois mille jours environ qui composent ces huit années.

Ainsi, pour une seule industrie qui, en se développant elle-même, contribuait au progrès de toutes les autres, la France a pu en 8 ans réaliser et dépenser un capital de plus de trois milliards, augmenter les produits bruts annuels de cette industrie de plus de 250 millions, et enfin ses bénéfices nets annuels aussi de près de 150 millions.

On voit par là de quoi la France est capable dans une telle voie.

Et comment de tels résultats ont ils été obtenus?

Par un moyen fort simple : l'accord complet avec les Compagnies d'un gouvernement ferme et résolu, décidé à développer une industrie dont il avait su apprécier l'importance pour le pays.

Les autres industries avaient jusqu'alors reçu de l'État quelques encouragements et la protection douanière, à l'abri de laquelle elles se sont développées ; mais aucune d'elles n'a reçu de l'Etat le concours énergique qui a produit pour

les chemins de fer ce progrès rapide et fécond
que l'on aurait à peine osé espérer.

C'est que l'accord entre l'Etat et les Compagnies a pu inspirer et produire cet ensemble de
combinaisons concourant toutes au même but et
qui, par leur action simultanée, ont mis les Compagnies en mesure de soulever un fardeau trop
pesant pour la plupart d'entre elles et qui menaçait de les écraser.

Dès le principe, en effet, le concours de l'Etat
formait la base de tout le système ; mais ce concours avait été restreint, atténué, plus encore par
l'ardeur des compétiteurs que par les tendances
des pouvoirs parlementaires.

L'atténuation du concours de l'Etat, le mor-
cellement des lignes et la multiplicité des conces-
sions avaient mis presque toutes les Compagnies
en péril.

Tous les procédés législatifs, toutes les mesures gouvernementales ont été fermement mis au service d'une cause essentiellement nationale, et le succès est venu couronner des efforts que, quant à nous, nous ne saurions trop approuver et louer.

Et pourquoi a-t-on réussi? C'est que quand on s'est trouvé en présence de ces situations difficiles et des graves questions qu'elles soulevaient, on a cherché le remède ailleurs que dans les formules vagues du *laisser* faire et du *laisser* passer, dont l'application aurait *laissé* périr la plupart des Compagnies et *laissé* la plupart des chemins de fer en France à l'état de projets stériles.

On a cherché les solutions dans les entrailles mêmes de la question d'où on les a fait sortir.

Avec la fusion des Compagnies, fusion qui, pour le dire en passant, était en même temps,

par une étrange coïncidence, considérée comme
coupable, de la part d'une industrie voisine; avec
la fusion des Compagnies on a évité la concurrence ruineuse qui les menaçait toutes. Avec le
concours de l'État, on a réduit d'un cinquième
le capital à dépenser par les Compagnies; avec
la garantie de l'État pour les obligations, en
ôtant le caractère aléatoire à une portion du
capital des chemins de fer, on a mis les Compagnies en position de réaliser sous cette
forme d'obligations les cinq huitièmes de leur
propre capital, et de laisser au capital actions une
part de bénéfices beaucoup plus considérables.

La combinaison des deux réseaux a ouvert la
voie à l'exécution des lignes moins productives.

Enfin, par l'établissement, dès le principe, de
tarifs largement rémunérateurs, abandonnés au
libre arbitre des Compagnies, et obligatoires pour
le public, pour l'industrie tout entière, on a assuré à toute ligne bien administrée et dotée d'un

trafic suffisant, une bonne situation actuelle et une prospérité croissante.

On voit, par cet exposé sommaire, si c'est avec un respect bien scrupuleux que les préceptes de la fameuse science économique ont été traités, dans les larges solutions données à la question des chemins de fer.

Il nous sera permis de nous demander si le gouvernement se repent sérieusement d'en avoir tenu alors si peu de compte, et de remarquer qu'en tous cas les plus fervents adéptes de cette science peuvent lui pardonner cette erreur, si c'en est une.

D'autres donneraient volontiers au gouvernement un bill d'indemnité et leur entière approbation en considération, d'une part, des nécessités de la situation où on se trouvait, et de l'autre du succès obtenu et du grand service rendu, mais nos savants ne se préoccupent pas de ces

misères. Le seul motif qui pourrait les amener
à pardonner, c'est que, depuis lors, le gouvernement se serait amendé, et, en signant le traité
de commerce, se serait, comme ils le prétendent,
rallié à leurs principes.

Quoi qu'il en soit, nous sommes, quant à nous,
convaincus que si l'on parvient à faire sentir au
gouvernement la nécéssité de mesures décisives
en faveur de l'industrie, aussi clairement que lui
est apparue, en son temps, la même nécessité en
faveur des chemins de fer, et que l'on sache
proposer des combinaisons praticables, accepta-
bles, comme cela s'est fait pour les chemins de
fer, le gouvernement s'empressera d'accueillir de
telles ouvertures et de les examiner avec le plus
sincère désir de venir en aide à une situation qui
est son ouvrage.

Il a voulu améliorer la condition des consommateurs, mais il voudra maintenir parmi ces
consommateurs la classe entière des producteurs,

en modifiant par des moyens nouveaux, s'il le
faut, les bases même d'une situation que le traité
de commerce, et surtout les tendances qu'il a pro-
voquées et qui semblent se caractériser de plus en
plus, ont sérieusement troublée.

Nous nous sentons donc autorisés à exposer les
moyens que nous croyons propres à améliorer,
d'une manière générale, les conditions de l'industrie en France, nous n'avons en vue, nous
désirons que personne ne s'y trompe, nous n'a-
vons en vue aucune industrie spéciale; nous ne
nous préoccupons de personne en particulier,
mais de tout le monde.

Nous envisageons ici la France comme un vaste
atelier industriel en concurrence avec cet autre
immense, formidable atelier qu'on appelle l'Angleterre, et nous cherchons ce que l'on peut
faire d'utile, d'efficace, pour améliorer le plus
possible la situation du premier dans cette lutte
inégale.

Les éléments de l'industrie d'une nation sont, tout le monde le sait et le répète, le capital disponible et les conditions de son emploi, le travail manuel et intellectuel, les transports, le combustible devenu partout, depuis un demi-siècle, l'âme de toute industrie, les matières premières, et enfin, par-dessus tout, peut-être, l'étendue du marché sur lequel les produits doivent trouver leur écoulement.

Parmi ces éléments, le gouvernement a compris lui-même l'importance du premier dont nous avons parlé, le capital; son projet de loi des 40 millions à prêter à l'industrie en fait foi. Il n'est pas encore permis de juger quel sera l'effet des mesures dans lesquelles ce projet s'est converti, mais nous tenons pour démontré que le gouvernement apprécie parfaitement ce côté de la situation, et, quoique la somme considérable qu'il a voulu mettre à la disposition de l'industrie ne soit qu'une obole eu égard à l'étendue des besoins, il est évident pour nous que si quelque chose de sérieusement utile était proposé, les propositions seraient accueillies avec bienveillance.

Mais ce n'est pas là le point que nous voudrions traiter en ce moment; passons aux autres.

Quant au travail intellectuel et manuel, rendons d'abord à nos industriels la justice de dire que, pour le premier, ils n'ont rien à envier à personne; pour le second, il manque à nos ouvriers un peu, beaucoup même de cette patience qui supporte avec résignation, sans révolte et sans murmure, la monotone uniformité d'un travail éternellement recommencé; il leur manque encore un peu de cette habileté traditionnelle transmise, pour ainsi dire, avec le sang de génération en génération des ouvriers spéciaux, ou bien communiquée de proche en proche, et de l'un à l'autre, dans ces nombreux ateliers où une pratique presque séculaire a successivement introduit et propagé les procédés manuels les plus perfectionnés. Notre classe ouvrière doit acquérir peu à

peu, dans une certaine mesure, ces derniers avantages. Quant à la première condition, si elle manque effectivement à nos ouvriers, elle est, jusqu'à
un certain point, compensée par une promptitude
d'intelligence, une certaine initiative, et surtout
par une généralité d'aptitude par lesquelles nos
ouvriers ont une véritable supériorité sur les ouvriers anglais. Nous avons assez parlé tout à l'heure
des salaires pour n'y pas revenir, et nous croyons
pouvoir dire que, quant au travail manuel et
intellectuel, nos industriels n'ont rien à demander
au gouvernement, et doivent faire face eux-mêmes
à la situation. Pour les matières premières, le gouvernement a procédé à leur affranchissement im-
médiat, de ce chef donc non plus nos industries
n'ont rien à lui demander.

Il nous reste à parler des combustibles, des
transports et de l'étendue du marché.

Quant à l'étendue du marché, c'est là, il faut
le reconnaître, qu'a toujours été le côté faible

de l'industrie française. Les marchés étrangers n'ont pu et ne pourront probablement jamais lui fournir d'écoulement sur une large échelle que pour quelques produits spéciaux et exceptionnels. Mais pour la masse des produits de notre industrie, c'est sur notre propre sol qu'elle trouve son emploi, et c'est ce marché qui, bien que presque entièrement réservé à notre industrie, était cependant un peu étroit pour elle.

Malheureusement, le traité de commerce, en ouvrant la porte aux produits anglais, aura pour effet inévitable de rétrécir encore pour notre industrie ce champ déjà insuffisant.

On ne peut lui rendre une partie de l'étendue qu'on vient de lui ôter qu'en améliorant nos conditions de production, et nous ne voyons, quant à nous, de moyen de sortir de cette difficulté autrement que par ce qui nous reste à dire sur les combustibles et les transports.

C'est par ces deux importants éléments que l'industrie française est, par rapport à l'industrie anglaise, dans un état d'incontestable infériorité. Sur le reste, on peut discuter, en effet, tantôt l'infériorité elle-même, tantôt la mesure de cette infériorité; mais il n'est personne qui puisse contester que la houille consommée par l'industrie française ne lui coûte *plusieurs fois* le prix de celle que consomme l'industrie anglaise, et qu'il n'en soit de même des frais de transport.

Pour sortir du vague dans lequel cette question a toujours flotté, nous nous proposons d'établir une comparaison entre les prix des charbons consommés en France et en Angleterre, et entre les frais de transport dans les deux pays. Après quoi nous aborderons l'examen de l'importante proposition de *l'abaissement du prix du combustible et des transports pour l'industrie française.*

Nous ne prétendons pas qu'il soit possible de

ramener en France le prix du combustible et les frais de transport à ce qu'ils sont en Angleterre, mais qu'il est possible en France de réduire, dans une proportion notable, l'écart considérable qui sépare à cet égard les industries des deux pays; que cela se peut faire sans léser aucun intérêt, sans préjudicier aux droits acquis, et sans qu'il en coûte à l'État à beaucoup près autant que pour l'abaissement des droits sur les sucres et les cafés. Quand nous aurons donné la mesure exacte de ce que l'on peut obtenir dans la voie que nous indiquons, il restera à nos lecteurs à se demander s'il vaut mieux pour une nation réduire de quelques centièmes le prix de 4 à 5 kil. de sucre et de café, ou bien abaisser, dans une grande proportion, celui de 4 à 500 kil. de houille; deux quantités qui diffèrent entre elles dans le rapport de 1 à 100, et représentent la consommation individuelle annuelle des Français, l'une en sucre et café, l'autre en charbon.

LA HOUILLE & LES TRANSPORTS

Dans nos deux articles précédents nous avons, par la comparaison des conditions générales d'existence de l'industrie nationale et de l'industrie anglaise, qui vont entrer en lutte, cherché à déterminer les points sur lesquels notre industrie avait besoin d'assistance et pouvait en recevoir.

Nous avons dit que, sur les combustibles et sur les frais de transports, notre industrie était dans un tel état d'infériorité, que c'était là surtout qu'était le point faible pour elle, et nous avons avancé qu'il était possible d'améliorer considérablement sa situation à cet égard.

Examinons donc d'abord l'écart qui se présente en ce moment sur ce point, entre les deux pays, puis nous verrons comment et jusqu'où cet écart peut être réduit.

Commençons par la houille. L'Angleterre extrait d'une manière à peu près régulière annuellement, depuis près de 10 ans, environ 65 millions de tonnes de houille.

Elle exporte 1/10e et elle consomme les 9/10e de cette énorme production.

C'est une consommation moyenne annuelle de 2,200 kilog. par habitant.

Quant à la France, elle produit en ce moment environ 7 millions de tonnes de houille, le dixième de la production et l'équivalent de l'exportation anglaise.

Mais elle en importe une quantité qui s'approche beaucoup de sa propre production, augmente bien plus rapidement qu'elle, et paraîtrait devoir bientôt l'égaler.

Son importation totale se trouve ainsi à peu

près égale à l'intégralité de l'exportation anglaise.
Cette importation, dont l'Angleterre fournit un
quart environ, croît avec une rapidité vraiment inquiétante; elle va se doublant tous les dix ans, nos
extractions sont bien loin de suivre une pareille
progression, et c'est là un sujet dont nous devrons
nécessairement nous occuper.

Telle est, quant aux quantités produites et consommées, la situation des deux pays, et si la consommation annuelle en Angleterre est de 2,200 kil.
par habitant, cette même consommation, en
France, ne dépasse pas 400 kil., dont la production française ne fournit guère plus de la moitié,
c'est-à-dire le onzième de ce que la production
anglaise fournit au consommateur anglais.

Passons aux prix :

Tout le monde sait qu'en Angleterre le prix de
revient de la houille est très-peu élevé; mais il ne
s'agit pas ici du prix de revient, et nous lisons dans

les documents officiels anglais, que la valeur totale des houilles sur le carreau des mines a été, en 1858, de 16,252,162 liv. pour 65,008,649 tonnes, c'est-à-dire de 6 fr. 25 par tonne. Pour l'année précédente, le résultat est identique, quant aux quantités et quant aux prix ; pour les années antérieures, les différences sont insensibles.

On sait que l'industrie anglaise a pu se placer toujours sur les points où la houille est le meilleur marché ; que, naturellement, elle obtient la houille à des prix très-inférieurs à la moyenne ; qu'enfin beaucoup d'industriels extraient eux-mêmes la houille qu'ils consomment. On peut donc affirmer que l'industrie anglaise ne paye en moyenne ses charbons, sur le carreau de la mine, tout au plus que 5 fr. 50 la tonne, et presque toujours bien au-dessous.

Partons cependant de ce prix de 5 fr. 50, afin de nous mettre hors de toute contestation possible; et toutes réserves faites sur ce qu'il peut avoir de forcé.

Nous disions tout à l'heure, que beaucoup d'usines consomment leurs charbons sur les lieux mêmes où ils sont extraits, mais ceux qui sont transportés, que payent-ils pour leur transport ?

Premièrement, si on consulte les documents les plus accrédités sur cette matière, on trouve que le charbon consommé par les industries hors des lieux d'extraction est habituellement estimé, en Angleterre, à 6 schellings au plus, c'est-à-dire à 7 fr. 50 par tonne.

En partant du prix sur le carreau de la mine 5 fr. 50, — le transport coûterait 2 francs.

Mais on peut arriver aisément à une vérification de ce prix de transport de 2 fr.

Si on consulte, en effet, les comptes rendus

complets des chemins de fer anglais, on trouve que, pour les 3 années consécutives 1856, 57 et 58, le tonnage annuel des matières minérales dont les charbons constituent la très-majeure partie, plus des 9/10, s'est élevé en moyenne à 45 millions de tonnes effectivement transportées, dont le transport a coûté 96 millions de francs, c'est-à-dire environ 2 fr. 15 par tonne.

Et comme le tarif des charbons est, sur toutes les lignes, inférieur à celui des autres matières minérales, on peut certainement admettre comme une base incontestable que le prix moyen de transport par chemin de fer, du charbon en Angleterre est inférieur à 2 fr. par tonne.

. Ainsi, 5 fr. 50, prix d'achat sur le carreau de la mine et 2 fr. de transport par chemin de fer, total 7 fr. 50, — prix incontestable du charbon consommé par l'industrie anglaise, en moyenne, dans toute l'Angleterre, hors des lieux de production de la houille.

On peut donc considérer comme un fait acquis à la discussion, que l'industrie anglaise
paye tout au plus le combustible qu'elle emploie
ou 5 fr. 50 la tonne, ou 7 fr. 50, suivant qu'elle
est placée sur les lieux mêmes d'extraction ou
qu'elle en est éloignée.

Examinons maintenant la situation correspon-
dante de l'industrie française, quant à ce même
élément, la houille.

Malheureusement, les documents officiels ré-
cents nous font presque entièrement défaut, et
nous aimons, on le sait, à puiser les éléments
de nos discussions dans les documents de ce
genre, qui, sans être absolument exempts d'erreur, sont du moins sincères, impartiaux, et
peuvent fournir des bases d'appréciation d'une
véritable valeur.

La dernière publication officielle dans laquelle
nous puissions trouver des renseignements utiles

pour cette partie de notre discussion, remonte déjà à 6 ans (octobre 1854).

Dans ce *Résumé statistique de l'administration des mines*, nous trouvons des comptes rendus pour six années, 1847 à 1852. Mais l'année 1847 est seule complète; pour les années suivantes, les renseignements sont excessivement restreints, et ce n'est que pour l'année 1847 que nous pouvons trouver les prix de consommation de la houille, prix, au surplus, établis, pour 1847, dans le plus grand détail, par départements et par provenances. Voici le résultat de cet intéressant résumé.

La consommation totale de la France, en 1847, a été de 7,648,000 tonnes de houille, qui ont coûté 165,196,000 francs, etc., et dont le *prix moyen sur les lieux de consommation* a été conséquemment de 21 fr. 60 c.

On peut certainement dire qu'aujourd'hui le

prix de la houille n'est pas le même qu'en 1847. Mais chacun sait que si, quant aux frais de transport, par exemple, il y a eu des réductions dans certaines directions, le prix vénal des charbons, en général, s'est sensiblement relevé dans les dernières années, et on peut être certain de ne pas s'éloigner de la vérité en admettant que les prix actuels de consommation de la houille sont plutôt au-dessus qu'au-dessous de ceux que l'administration des mines a constatés en 1847.

Que les prix soient plus élevés aujourd'hui, cela n'est pas douteux, et le rapport à l'Empereur de Son Excellence M. le ministre du commerce, en date du 27 février, l'établit très-clairement, lorsqu'il porte à 25 fr. 36 c. le prix de la houille en 1857, sur les lieux de consommation; c'est donc 25 fr. 36, au lieu de 21 fr. 60 que nous devrions employer comme terme de comparaison. Mais, sous le bénéfice de l'observation qui précède et que nous prions nos lecteurs de ne pas perdre de vue, nous préférons nous servir des chiffres de 1847, parce qu'ils présentent un ensemble complet qui réunit tous les éléments de l'importante question qui nous occupe.

Admettons donc ce prix de 21 fr. 60 c. par tonne pour le prix moyen des houilles, en France, à la consommation.

L'administration des mines estime encore à 10 fr. la tonne le prix de la houille sur le carreau de la mine, et ce prix ne varie guère. En effet, de 1848 à 1852, c'est-à-dire dans une période de grande perturbation, il ne s'est jamais abaissé au-dessous de 10 fr. Le rapport du 27 février établit que le prix sur le carreau de la mine a été de 12 fr. 53 c.

Quant aux charbons importés, leur prix, d'après les états de douane (valeur actuelle), est d'environ 15 fr. la tonne.

Ainsi nous avons comme élément des prix du combustible minéral en France :

Sur le carreau de la mine. . . 10 fr. 00 c.

A la frontière. 15   00

A la consommation. . . . 21   60

L'extraction et l'importation fournissant des quantités peu éloignées de l'égalité entre elles, on peut dire qu'à son origine la houille nous coûte en France, en moyenne, 12 fr. 50 c.

C'est là le prix à comparer avec celui de la houille en Angleterre, 5 fr. 50 c.

Quant au prix à la consommation en France, 21 fr. 60 c., ce prix est en présence, non pas de celui que nous avons constaté pour la con-sommation, en Angleterre, 7 fr. 50 c., mais du prix moyen entre les deux prix auxquels les

Anglais consomment, soit sur le carreau de la mine, soit à distance, c'est-à-dire à un prix moyen, inconnu, entre 7 fr. 50 et 5 fr. 50 c. Nous sommes ainsi amenés à reconnaître, sans contestation possible, que sur le carreau de la mine, la houille coûte, en France, deux fois et un tiers ce qu'elle coûte en Angleterre, et que, à la consommation, le prix moyen, en France, est entre le triple et le quadruple de ce qu'il est en Angleterre.

Mais ces rapports sont encore bien loin de la réalité; serrons la question de plus près, et cherchons le prix que coûtent en France les charbons dans les départements producteurs et dans les départements seulement consommateurs.

En prenant en France les dix départements les plus voisins des lieux d'extraction, et qui consomment le plus, nous trouvons, toujours en 1847, une consommation de 4,048,000 tonnes, moyennant 56,590,000 fr.

Il en reste, pour les 76 autres départements, 3,600,000 ayant coûté 108,410,000 fr.

C'est-à-dire que, dans les dix départements bien placés, le prix moyen est de 14 francs, et dans les 76 autres, ce même prix moyen est de 30 fr. la tonne.

Les véritables éléments de la comparaison entre l'industrie anglaise et l'industrie française sont donc, quant au prix du combustible :

5 fr. 50 en Angleterre et 14 fr. en France pour les usines placées à proximité des houillères.

Et 7 fr. 50 en Angleterre et 30 fr. en France pour les établissements qui en sont éloignés.

Nous ne croyons pas qu'il y ait une objection à élever contre ces chiffres, qui, finalement, éta-

blissent au moyen de documents officiels produits dans les deux pays :

Qu'en France l'industrie paye la houille ou
deux fois et demie, — ou quatre fois ce que la
paye l'industrie anglaise :

Deux fois et demie à portée des houillères ;

Et quatre fois hors de la portée des houillères
(à distance moyenne).

Cette observation (*à distance moyenne*) est
essentielle, parce que la plupart des industries
de notre pays, dont l'origine est antérieure à
l'influence prépondérance de la houille et dont
la position géographique est à cet égard très-dé-
favorable, payent la houille plus de quatre fois
ce qu'elle coûte à leurs concurrents en Angleterre.

Il résulte de ce remarquable rapprochement,
que l'infériorité relative de nos usines s'aggrave

doublement à mesure qu'elles s'éloignent de la houille, non-seulement parce qu'il faut ajouter le prix de transport au prix de la houille, mais parce que les dépenses à faire pour les transports étant considérablement plus élevées en France qu'en Angleterre, l'écart s'accroît dans une progression tellement rapide, que l'existence des industries françaises, éloignées de la houille, devient réellement impossible en présence de l'industrie rivale.

Si nous voulons, en effet, préciser le prix du combustible pour l'industrie manufacturière telle qu'on l'entend ordinairement, c'est-à-dire pour la filature, le tissage, etc., voici ce que nous trouvons :

Prenons les 14 départements dans lesquels ces industries se trouvent plus particulièrement développées : l'Aisne, les Ardennes, l'Aube, l'Eure, la Marne, le Nord, le Pas-de-Calais, le

Bas-Rhin, le Haut-Rhin, le Rhône, la Seine, la Seine-Inférieure, la Somme, les Vosges.

Retranchons-en les quatre départements dont les principales consommations sont étrangères à l'industrie qui nous occupe et qui sont situées au voisinage des houillères : le Nord, le Rhône, le Pas-de-Calais et la Somme. Il nous reste 10 départements, qui comprennent la majeure partie des manufactures françaises.

Pour ces dix départements, voici ce que nous trouvons : le prix moyen de la houille s'y est élevé à 34 fr. 50 c. la tonne, au maximum 46 fr 74 c., au minimum 31 fr. 50 c.

En sorte que l'on peut dire que le prix moyen payé pour son combustible, par l'industrie manufacturière en France, s'élevant à 34 fr. 50 c., représente presque cinq fois le prix, 7 fr. 50 c. que paye le manufacturier anglais établi loin des houillères, et presque 7 fois le prix que paye en Angleterre celui qui en est à proximité.

On arrive ainsi à une appréciation exacte de l'infériorité des manufactures françaises quant au combustible qu'elles consomment.

Lorsqu'en effet une industrie consomme en houille cinq fois le poids de ces produits, si elle est près de la houillère, en France et en Angleterre, la dépense en charbon est en Angleterre de 26 fr. 50 c., alors qu'elle est en France de 70 fr.

Différence, 43 fr. 50 c.. que la tonne de produits français coûte du chef de la houille, en sus de ce que coûte le produit anglais.

Mais si la même industrie, dans les deux pays, s'éloigne de la portée des houillères, si en France elle sort, en un mot, des 10 départements qui composent la zone naturellement privilégiée, alors elle paye la houille 30 fr. en moyenne, pendant que l'industrie anglaise, dans la même condition, la paye. . . 7 fr. 50 c.

La différence de prix est donc de. 22 50

C'est pour cinq tonnes. . . 112 50 par tonne de produit.

Enfin, si l'on arrive à l'industrie manufacturière proprement dite exercée dans les dix départements industriels que nous venons d'énumérer, la différence sur les prix de la houille étant ou de 27 fr. ou de 29 fr., la différence sur la tonne de produit devient ou 135 fr. ou 145 fr.

Nous le demandons, avec un tel écart, y a-t-il une industrie qui puisse espérer de soutenir la lutte?

Et qu'on ne dise pas qu'il n'y a qu'à mieux choisir le siége des usines. Nous avons montré qu'en France 10 départements seulement, dans l'état actuel des choses, peuvent obtenir la houille à un prix modéré et qu'il en reste 76 qui sont assujettis à ce joug industriel, *le prix moyen de la houille à* 30 *fr. la tonne ;* et que sur les 76 départements il y en a 10 autres, les départements industriels proprement dits, pour lesquels ce joug s'aggrave encore, puisque le prix moyen de la houille y est de 34 fr. 50 c.

Mais ce prix de 30 fr. ou de 34 fr. 50 c., qui n'est, à l'origine en France, que de 10 fr., à quoi est-il dû? Uniquement aux transports.

Serrons, en effet, de plus près cette question des transports.

Les mêmes documents nous apprennent que les transports ajoutent 88,713,000 fr. au prix des 7,648,000 tonnes de houille. C'est-à-dire, en moyenne, 11 fr. 60 par tonne. (En 1857, cette dépense a passé de 88 millions à 160 millions.)

Mais, si l'on répartit ces frais de transport entre les dix départements les mieux placés par rapport à la houille, et les 76 autres, on trouve que, sur les 4,048,000 tonnes de houille consommée par les dix départements en question, la valeur ajoutée par le transport a été de 18,867,000 fr., c'est-à-dire 4 fr. 65 par tonne, pendant que sur les 76 autres départements, les 3,600,000 tonnes qu'ils ont consommées ont coûté en frais de transport 69,946,000 fr., c'est-à-dire 19 fr. 42 c. par tonne.

Enfin, pour les dix départements industriels, ces frais de transport se sont élevés à 23 fr. 17 c.

Nous sommes ainsi amenés à une appréciation vraie de la situation de l'industrie française en ce qui concerne le combustible minéral.

Nous pouvons diviser la surface de la France en deux zones, l'une de 10 départements, formant un huitième du sol national, et sur laquelle seule l'industrie française pourrait songer à lutter dans les conditions nouvelles où elle va se trouver; l'autre de 76 départements, constituant par conséquent les 7 autres huitièmes du sol français, et dans laquelle, par le haut prix de la houille, l'industrie en général ne pourrait pas vivre.

Payer, en effet, en moyenne, la houille 12 fr. 50 c. pour l'achat, 19 fr. 42 c. pour le transport, au total 31 fr. 92 c. ou bien 30 fr., comme nous le trouvons par une autre voie, et même, dans les dix départements qui sont le vrai siége actuel de l'industrie manufacturière, 34 fr. 50 c., c'est dans les deux cas, en présence de l'industrie anglaise, une impossibilité industrielle qu'il n'est pas possible d'affronter impunément.

Et que serait-ce si, au lieu d'employer, comme

nous l'avons fait, tous les éléments que nous a
fournis le résumé statistique de l'année 1847,
nous eussions eu à notre disposition ceux de
1859? Ou même ceux de 1857? Les résultats
auxquels nous sommes parvenus se seraient considérablement aggravés.

En effet, le prix de vente sur le carreau de la
mine s'est accru de 25 0/0; le prix de vente à
la consommation, de 18 0/0; les frais de transport de plus de 80 0/0.

Lorsque l'Angleterre a entrepris sur elle-
même la grande opération de l'abaissement des
salaires, l'écart entre les salaires anglais et ceux
du continent européen était de 15, 20, 30 0/0
peut-être, mais il n'était pas de 400 et de 500 0/0,
et cependant l'Angleterre n'a pas reculé devant
cette énorme tâche, et elle en est venue à bout.

Quant à nous, aujourd'hui, pour rendre l'industrie possible sur les 7/8 du sol français et la
maintenir viable sur le huitième de ce sol qu'elle

occupe plus particulièrement, il nous faut for-
cément y abaisser le prix de la houille, et il ne
s'agit pas d'une œuvre de prévoyance, il s'agit
d'un péril actuel imminent, il s'agit d'une nécessité de la plus extrême urgence.

On dira peut-être que c'est à l'industrie elle-
même à chercher à se placer sur la partie du territoire où le charbon est à portée, c'est-à-dire sur
la zone privilégiée des dix départements.

C'est ce point de vue que nous demandons à
nos lecteurs d'examiner un moment avec nous.
Sur cette zone, le prix moyen du combustible
est de 14 fr.; — 10 fr., prix sur le carreau de la
mine, 4 fr. de transport. — C'est là, dans l'état
actuel des choses, pour l'industrie française, sacri-
fiant tout à la nécessité d'obtenir le combustible à
bas prix, le beau idéal de la situation qu'il lui est
permis de chercher. Eh bien! dans cette situation,
elle a en face d'elle, d'abord l'industriel anglais
placé comme elle à proximité des houillères et au-

quel le charbon coûte 5 fr. 50 c., et ensuite l'industriel anglais s'éloignant plus ou moins du combustible pour chercher ses autres convenances et payant le combustible 7 fr. 50 c.

Ainsi, l'industriel français le mieux placé sous ce rapport, paye le combustible à peu près le double de ce qu'il coûte à l'industriel anglais le plus mal placé, et le triple du prix payé par l'usine anglaise placée comme la sienne.

Nous nous trouvons donc amenés à cette inflexible conclusion : Que le prix du combustible sur les 7/8 du territoire français condamne l'industrie française à une infériorité radicale, vis-à-vis de l'industrie anglaise, et que sur le huitième restant qui compose une zone tout à fait exceptionnelle et privilégiée, ce même prix constitue un désavantage encore très-considérable, un désavantage de 100 et de 200 0/0 sur le prix de la houille en Angleterre.

Si nous voulons mesurer maintenant comment
se traduisent dans la valeur des produits ces différences dans le prix du combustible, voici ce que
nous trouvons :

Nous avons établi que pour les usines placées
dans la grande zone des 76 départements qui forment les 7/8 du territoire français, la différence
entre leur prix de revient et celui des établissements anglais résultant de la houille seulement,
s'élevait à 112 fr. 50 c., et pour les départements
manufacturiers, à 135 et 145 fr. par tonne de leurs
produits.

Pour qui veut apprécier la valeur commerciale
et industrielle de cette différence dans le prix de
revient, il nous suffira de dire que le prix moyen,
valeur actuelle, officiellement constatée de toutes
les marchandises importées ou exportées par mer,
est à peu près invariablement en France de 500 fr.
par tonne.

C'est-à-dire que la différence de 112 fr. 50, de 135 et 145 fr. dans le prix de revient, représente plus du cinquième et jusque près des 3/10 de la valeur moyenne de toutes les marchandises qui entrent dans le mouvement du commerce français.

Si on veut appliquer cette observation à l'article le plus facile à saisir et à apprécier, le fer, on trouvera que les 112 fr. 50 représentent plus de 50 0/0 du prix du fer à l'importation en France, sans parler des 135 fr. et des 145 fr.

On comprend dès lors, parfaitement, comment l'industrie française placée dans des conditions aussi désavantageuses sur les 7/8 du sol français, avait besoin, pour y pouvoir vivre, de cette protection purement défensive que les tarifs de douane lui assuraient.

L'on ne saurait se refuser à reconnaître que cette protection étant profondément entamée par le traité de commerce et par les conventions qui en sont le complément, il devient indispensable de pourvoir, si cela est possible, aux nécessités d'une situation aussi précaire, aussi compromise ; — mais que faut-il faire, que peut-on faire?

Il faut, nous l'avons dit, il faut et on le peut, amener par toutes les voies possibles une réduction sur le prix du combustible dépensé par l'industrie.

Nous disons qu'on le peut, c'est là ce nous semble ce qu'il nous reste à démontrer, car nous n'avons plus besoin, après tout ce que nous venons de dire, de répéter qu'il le faut.

Le gouvernement de l'Empereur, en vue de réaliser le programme du 5 janvier, a jugé qu'il fallait sacrifier, pour faire jouir les consommateurs de sucre et de café d'une réduction de prix, une somme annuelle qu'il estime lui-même au bas mot à plus de 50 millions de francs.

Nous n'avons certes pas la moindre envie de discuter ici les avantages ou l'opportunité de ce sacrifice, mais il nous sera certainement permis de dire que la valeur des arguments que l'on pourrait produire à l'appui de l'abaissement du prix du sucre et du café différerait de celle des motifs qui militent en faveur de l'abaissement du prix des houilles presque autant que le poids du sucre et du café s'éloigne du tonnage de la houille que le pays consomme.

Quand l'abaissement de prix du sucre et du café aura fait entrer ces denrées dans la consommation des classes laborieuses, elles les payeront avec ce qu'elles gagneront, avec leurs salaires.

Or, pour recevoir des salaires, il faut du travail, et dans l'état où l'industrie humaine est arrivée et où elle s'élève chaque jour davantage, si l'on fait abstraction du régime protecteur, *cette vieille muraille de la Chine,* on peut dire, en employant unè forme d'argument que les souvenirs de l'enfance ont laissée dans toutes les mémoires :

Sans travail, pas de salaires; sans puissance
mécanique, pas de travail; sans houille, pas de
puissance mécanique; donc, sans houille, pas de
salaires.

Et comme sans salaires pas de consommation
de sucre et de café pour les classes laborieuses,
on peut avec assurance ajouter que l'abaissement
du prix de la houille leur est beaucoup plus nécessaire que celui du sucre, qui serait sans objet pour
elles si le prix élevé de la houille devenait un obstacle à l'existence des industries auxquelles elles
sont employées.

L'industrie est comme si elle n'avait pas de
houille lorsque le prix en est excessif. Ainsi, on
peut le dire en toute vérité : sans protection
douanière, les 7/8 de la France peuvent être
considérés comme n'ayant pas de houille à la

disposition de l'industrie; l'industrie **y** devient donc avec l'abaissement des tarifs partiellement et graduellement impossible.

C'est ce nouvel état de choses auquel il devient indispensable de pourvoir.

Nous croyons en avoir surabondamment démontré la nécessité et pouvoir conséquemment aborder la question des moyens à employer pour y parvenir.

Ces moyens reposent en entier sur une réduction considérable des prix de transport, surtout des houilles, au moyen d'un remaniement, *sans lésion pour les Compagnies de chemins de fer,* des conditions relatives à cette partie de leurs tarifs.

Nous entendons que ce remaniement s'effectue au moyen d'une négociation comme celle qui a finalement amené les dernières et avantageuses

modifications dans les conditions d'existence des
grandes compagnies. — Nous n'entendons pas
qu'il y ait lieu de refaire une situation à l'industrie aux dépens des Compagnies, nous entendons
que des combinaisons fécondes, et que nous
croyons possibles, améliorent les conditions de
toute l'industrie française, y compris celle des chemins de fer, la première de toutes. Si les Compagnies veulent envisager à son véritable point de
vue cette importante question, et n'en pas prendre
ombrage, l'habileté des hommes éminents qui
sont à leur tête, et qui les a si bien servis jusqu'ici,
peut amener des solutions avantageuses pour tous
et surtout pour elles-mêmes.

Les réductions obtenues sur le transport par les
chemins de fer, combinées avec la complète gratuité du parcours des canaux, auraient pour effet
direct un abaissement considérable du prix des
houilles consommées par l'industrie, et un développement correspondant de la production houil-

BIBLIOTHÈQUE IMPÉRIALE

lère en France, développement dont l'effet inévitable sera d'en abaisser le prix de revient.

L'exposé des mesures à prendre et de leurs conséquences sera l'objet d'un prochain article.

CHEMINS DE FER. — TARIF DES HOUILLES

Nous croyons avoir assez exactement mesuré l'inégalité entre les deux industries que le traité de commerce a voulu mettre en présence, assez nettement montré le côté faible de la nôtre, pour pouvoir maintenant aborder la difficile question dont nous n'avons cherché jusqu'ici qu'à éclairer les abords.

Comment réduire pour l'industrie française le prix du combustible et les frais de transport?

Pour ce dernier objet, les frais de transport, nous restreignons notre étude aux transports de la houille et des matières que l'on peut, à cet égard, lui assimiler; nous entendons par là les matières qui, dans le traitement qu'elles sont destinées à subir, soit industriel, soit agricole, s'absorbent complétement, comme la houille, dont il ne reste rien dans les produits, à la création desquels elle concourt, comme la marne ou les engrais, dans l'industrie agricole, comme la castine dans l'industrie métallurgique ou bien celles qui, dans les transformations auxquelles elles sont soumises, se réduisent à une faible fraction de leur poids, telles que la betterave dans la fabrication du sucre, comme les minerais dans celle du fer.

Mais nous restreignons pour le moment notre examen à la question du transport des houilles, les assimilations viendront d'elles-mêmes après cette discussion ; actuellement elles l'entraveraient et l'obscurciraient.

Nous écartons donc pour le moment la question des transports autres que ceux de la houille, tout comme nous nous dispensons de tout développement sur les réductions de prix à obtenir sur la houille autrement que par la réduction du prix de transport, nous contentant de les énoncer

sommairement, sauf à les discuter plus tard, si
cela est nécessaire.

Nous entendons, en effet, qu'en outre de l'a-
baissement du prix de la houille résultant de la
réduction des frais de transport, on devra poursuivre une série d'autres abaissements qui, ve-
nant se grouper autour de la réduction principale
obtenue sur les frais de transport, influeront finalement d'une manière sérieuse sur le prix payé
par le consommateur :

1° Le développement considérable de la production, par suite de la réduction du prix de
vente, qui amènera une diminution notable sur
les prix de revient;

2° Le maintien rigoureux ou le rétablissement
de l'affranchissement de tout droit d'entrée pour
les charbons consommés par l'industrie dans les
villes;

7

3° Le droit d'expropriation pour cause d'utilité publique accordé aux compagnies houillères pour l'établissement d'entrepôts ou de magasins en communication par la voie même avec les gares des chemins de fer, afin de mettre partout le consommateur en communication directe avec l'exploitant, et par là assurer à la consommation le minimum possible de prix et toutes garanties pour l'exactitude des livraisons;

4° L'assistance sous toutes les formes aux compagnies houillères pour relier, par chemins de fer, les siéges d'extraction au réseau général;

5° La modification, avec le même concours, des communications actuellement existantes, en vue d'éviter le plus possible les ruptures de charge et les transbordements;

6° La réduction de la redevance sur les mines, de manière à mettre à cet égard nos houillères sur un pied au moins égal aux exploitations rivales;

7° La substitution, à là redevance sur le produit net d'un droit fixe sur les quantités produites, avec exemption, pour non-valeur, au profit des exploitations sans bénéfices;

8° Quant aux transports, voici ce que nous demandons : Gratuité complète des voies navigables;

9° Suppression dans les tarifs de chemins de fer *du péage* sur les houilles et réduction du tarif des transports, qui demeurera à leur charge aux simples et véritables *frais de traction*, augmentés d'un bénéfice modéré et suffisant, à déterminer, au profit des compagnies.

C'est ce dernier point seulement que nous entendons traiter.

Nous avons indiqué les autres afin de poser la

question dans son entier, mais aucun d'eux ne demande de développement : ils s'expliquent suffisamment d'eux-mêmes ; on peut, sans doute, différer d'opinion sur chacun d'eux, mais aucun intérêt privé et respectable n'y est sérieusement impliqué ; et, généralement, la décision à prendre pourra l'être librement par le gouvernement, appréciant, du point de vue le plus élevé, les véritables intérêts de l'État qui y sont engagés en sens divers ; mais, pour le dernier moyen que nous proposons, il en est tout autrement.

Il touche aux droits des Compagnies, et, si l'intérêt public exige que des modifications soient apportées aux contrats qui les lient avec l'État, et sur la foi desquels elles existent, la loyauté veut que ces modifications soient combinées de manière à ne pas léser leurs intérêts.

Il s'agit donc pour nous de faire voir comment une pareille mesure, si importante en vue des intérêts généraux du pays, peut être prise sans nuire à ceux des Compagnies.

Nous avons dit que nous proposions de supprimer, dans le tarif des chemins de fer, le *péage* sur la houille, et de fixer le tarif du transport, en ajoutant aux véritables frais de transport de la houille un bénéfice à déterminer au profit des Compagnies.

Ajoutons immédiatement que nous entendons que chaque Compagnie devra être indemnisée largement et loyalement de la perte actuelle que lui causera l'introduction dans son cahier des charges de cette nouvelle clause ;

Que l'indemnité à allouer sera réglée soit par des conventions amiables, soit, à défaut, par l'intervention des pouvoirs législatifs.

C'est ainsi que, lorsque l'intérêt général du pays a voulu que les Compagnies fussent dotées de lignes secondaires, dont elles auraient préféré se passer, on a, pour lever la difficulté, inventé la distinction des réseaux, ancien et nouveau, pour ne pas toucher par l'addition du nouveau réseau aux avantages déjà acquis.

Nous indiquerons plus tard où l'on sera probablement amené à trouver les voies et moyens pour cette indemnité ; mais, quant à présent, commençons par l'étude des effets, pour l'industrie, de la clause que nous proposons d'introduire.

En France, ainsi que nous l'avons établi, les 7/8 du territoire ne peuvent obtenir de la houille qu'à un prix quadruple et même quintuple de celui que paye l'industriel anglais. De plus, l'un de ces 7/8e, celui sur lequel est établie toute l'industrie manufacturière du pays, paye la houille encore plus cher, près de 6 et 7 fois ce qu'elle coûte à l'industrie anglaise.

Le traité de commerce a eu pour objet et aura

pour effet de mettre en présence, en France même,
et pour la consommation française, les produits
de l'industrie des deux nations, et, avec la condition d'inégalité que nous venons de rappeler pour
les 7/8 de la France, la lutte industrielle est impossible.

Pour le *huitième* sur lequel l'industrie manufacturière est actuellement encore debout, la lutte
peut être mortelle.

Nous ne pouvons admettre que le gouvernement de l'Empereur ne veuille pas que l'industrie, non-seulement se soutienne, mais se développe en France, — et puisque l'admission de l'industrie anglaise sur le marché français est une
condition inévitable de restriction pour la nôtre, il
y a nécessité, si l'on veut que la nôtre se soutienne
et surtout qu'elle se développe, il y a nécessité
d'améliorer les conditions sous lesquelles elle vit
actuellement.

Le Gouvernement l'a si bien senti, qu'il a proposé un régime spécial pour aider les établissements français à renouveler leur matériel.

Mais quel est, en général, l'objet de ce renouvellement ? C'est de substituer de plus en plus le travail mécanique au travail manuel, c'est-à-dire finalement d'augmenter la consommation de combustible.

D'où résultera, par voie de conséquence, l'aggravation de l'inégalité qui existe actuellement entre les industries des deux pays.

Ainsi, le procédé du renouvellement du matériel ne remédie nullement au mal que nous signalons; il aura pour effet principal une réduction de la dépense en salaires, une augmentation de la dépense en combustible, et c'est dans le combustible que gît la principale cause de notre infériorité.

Après le renouvellement du matériel, s'il a lieu, plus encore qu'auparavant, la nécessité d'une amélioration capitale dans les conditions de l'approvisionnement des houilles sera le *sine quâ non* de l'existence de nos industries.

Cette amélioration peut s'obtenir, ou par la réduction de la distance entre le lieu de consommation et le lieu de production de la houille, ou bien par une réduction radicale sur les prix de transport.

Le premier moyen est le procédé que les libre-échangistes ont souvent mis en avant.

Certes, si toute une industrie pouvait roquer comme une pièce au jeu d'échecs; si les nombreux établissements industriels d'une localité, avec les populations qui les entourent, pouvaient d'un coup de baguette se transporter sur le terrain houiller; si Mulhouse pouvait s'en aller un beau matin dans l'Aveyron, Sédan et Elbeuf dans le

Gard, Troyes et Reims dans la Loire, tout cela serait fort bien, mais ce sont là des utopies qu'il n'y a qu'à énoncer pour les faire apprécier.

L'industrie, en France, existe là où elle est née; c'est là qu'elle doit vivre, sinon elle ne se déplacera pas; elle périra, au grand détriment du pays, au grand désespoir et à la grande misère des classes industrielles. Elle pourra renaître ailleurs, plus tard, cela n'est pas absolument impossible, parce qu'une nation comme la nôtre est capable de grandes merveilles, mais après combien de temps, avec quels efforts, quels sacrifices?

Ce n'est pas dans un avenir lointain, que nous devons chercher à améliorer les conditions de notre industrie, c'est dans le temps présent, c'est pour nous—mêmes, grands et petits, et non pour nos successeurs, que nous devons maintenir et, s'il se peut, développer un des principaux éléments de la puissance et de la prospérité de notre pays.

Ne nous épuisons donc pas en vœux impuis-
sants pour une œuvre impossible ou dont la durée
dépasse toutes prévisions raisonnables.

Et recourons au procédé simple, pratique,
efficace, d'une réduction sur les prix de transport
du combustible.

Si, lorsque la loi de 1842 a été votée, si lorsque successivement les conditions qui ont consti-
tué les grandes compagnies ce qu'elles sont, ont
été remaniées, la clause dont nous proposons
l'introduction eût été posée comme base des con-
cessions, est-ce qu'aucune des Compagnies aurait
hésité à l'accepter? Pour certaines d'entre elles il
n'y aurait eu rien à changer pour cela aux conditions de leur concession ; pour certaines autres, le
concours de l'État se serait modifié, sans doute;
mais quelles conséquences importantes n'auraient
pas découlé d'une pareille disposition, dont l'effet
eût été le même que si, quant à la houille,
toutes les distances des lieux de production aux

lieux de consommation eussent été abrégées; le même que, si le sol de la France, si étendu, que ses bassins houillers ne peuvent alimenter qu'une partie de son territoire, et sont forcés d'en abandonner presque la moitié aux houillères étrangères, que si le sòl de la France se fût restreint, resserré, pour se rapprocher notablement à cet égard de cette configuration de l'Angleterre qui la constitue en une sorte de vaste atelier économique où tous les éléments de la production sont placés à portée les uns des autres, de manière à se prêter presque sans frais une mutuelle assistance !

L'introduction d'une telle clause eût-elle été possible, était-elle raisonnable ?

Il est évident que, puisque les conditions de chaque concession ont été déterminées d'après le compte simulé des résultats probables de leur exploitation, et que le concours de l'État a été mesuré sur ces résultats, l'État aurait pu, s'il l'a-

vait voulu, faire aux compagnies la même situation, avec cette clause, ou sans cette clause; l'introduction en était donc possible.

Eût-elle été raisonnable?

Reconnaissons d'abord que, sur ce point particulier, tout le monde s'est trompé, aussi bien les
hommes d'Etat qui niaient les chemins de fer et les
repoussaient, que ceux qui les acceptaient et les
subissaient, que ceux enfin qui, au pouvoir, dans
les chambres ou ailleurs, en étaient les partisans
les plus décidés.

Personne n'a bien compris alors quelles pouvaient être pour le transport de la houille, les
conséquences de l'énormité du tonnage que cette
matière peut fournir presque indéfiniment aux
chemins de fer, et bien qu'il fût permis de prévoir
dès lors jusqu'où pourrait aller la puissance des
moyens de traction, cependant personne n'aurait

pensé à baser sur de telles prévisions les conditions des tarifs.

La Compagnie du chemin de fer du Nord a rendu à cet égard un grand service au public, il faut le reconnaître; elle a appris pour elle-même, et enseigné à tous, que les transports de houille pour lesquels elle a renoncé à *tout péage* en se contentant de moins que ce que les cahiers des charges attribuent aux Compagnies pour le *transport seulement*, n'étaient pas à beaucoup près les moins rémunérateurs de ces transports.

Qu'est-ce que le péage? C'est la représentation de l'intérêt du capital employé à la construction et à l'entretien de la voie.

L'Etat était parfaitement autorisé à dire aux Compagnies, s'il l'avait jugé convenable : en construisant les chemins de fer, je désire que le péage soit fourni par les voyageurs et la marchandise seulement; j'entends que, pour la houille, le par-

cours en soit gratuit et qu'elle ne paye que les
frais de transport, absolument comme elle fera sur
les canaux que j'entends lui livrer librement ou
avec un simple droit de balance. Nous allons
établir en conséquence les conditions de votre
concession ; la part que, sous telle ou telle forme,
je prends à l'exécution de votre ligne, pour améliorer votre situation, sera établie en raison de
l'affranchissement de péage que je veux instituer
pour la houille, sur toutes les voies quelconques de
communication du pays.

Certes, l'Etat était parfaitement le maître de
tenir ce langage aux Compagnies et d'agir en
conséquence.

Il ne l'a pas fait, et en effet il n'existait alors
aucune nécessité de l'ordre de celle qui nous
domine aujourd'hui. Si certaines parties du territoire, certaines industries qui y sont placées,
payaient la houille trop cher, le prix de revient de

leurs produits s'en élevait, et le pays payait ces produits en conséquence.

Mais le traité de commerce a voulu faire cesser cet état de choses; il n'a pas voulu que le consommateur continuât de payer plus cher tel ou tel produit à raison des conditions qui, en France, en dominent la production, il a voulu réaliser le bon marché de toutes choses, et à cet effet il a introduit dans le pays la concurrence de l'Angleterre, dont les producteurs sont tout à fait en dehors de ces conditions et notamment de la surélévation du prix des houilles.

Dès lors, réduire le prix de la houille, et, partant, les frais de transport qu'elle supporte, devient une nécessité, une condition d'existence pour notre industrie.

Qui donc pourrait trouver extraordinaire qu'une telle nécessité se révélant, il y soit pourvu au moyen d'une *expropriation pour cause d'utilité publique,* de l'article des cahiers des charges des Compagnies, qui fixe les tarifs de la houille, et ce, *moyennant une juste et préalable indemnité?*

Il est bon, au surplus, de remarquer que, pour plusieurs Compagnies de chemins de fer, au moment de leur création, une telle condition eût été à peu près insignifiante.

Ainsi, pour les Compagnies de Paris à Orléans, de Paris à Rouen, de Paris à Lyon, au moment de leur constitution, il n'aurait pas fallu une bien forte indemnité pour obtenir leur consentement à l'insertion de cette clause dans leurs cahiers des charges.

Mais il ne s'agit pas aujourd'hui de savoir à quelles conditions la clause eût été acceptée alors, il s'agit d'apprécier ce qu'il peut être juste d'attribuer aux Compagnies pour la leur faire accepter aujourd'hui sans perte pour elles et sans regrets.

Il nous faut commencer par établir quelles quantités de houille les Compagnies transportent aujourd'hui, ce que ce transport leur est payé, ce qu'il leur coûte en ce moment, et ce qu'il leur coûtera après les transformations que devra subir leur matériel pour faire face à l'augmentation de trafic qui devra résulter des nouveaux tarifs réduits.

Commençons par poser un jalon auquel nous devrons recourir plus d'une fois pour nous guider dans notre étude.

Les chemins de fer anglais ont, dans les trois années 1856, 57 et 58, porté un tonnage assez peu variable.

En moyenne annuelle, 70 millions de tonnes pour tous transports, dont, en houilles et matières

minérales, 45 millions de tonnes; en toutes autres marchandises, 25 millions de tonnes.

Les prix de ces transports ont été, en moyenne,
2 fr. 20 c. par tonne pour la houille et les matières minérales, et, pour les autres marchandises,
7 fr. 78 c. par tonne.

Comme la houille jouit invariablement d'un
avantage de tarif sur les autres matières minérales,
on peut admettre comme un fait, et l'étude par-
tielle de chaque ligne confirme cette appréciation,
que la houille, en Angleterre, ne paye pas en
moyenne plus de 2 fr. de transport par chemin
de fer, ainsi que nous l'avons annoncé précédemment.

Ces faits parfaitement constatés, et l'étude attentive de tous ceux qui se rattachent à cette importante question, nous permettent de dire :

1° Que sur les 60 millions de tonnes de houille

qui constituent l'énorme consommation de l'Angleterre, 45 millions, c'est-à-dire les 3/4, sont
transportés par les chemins de fer;

2° Que les tarifs anglais sont échelonnés de manière que le transport de la houille, par unité transportée, n'y coûte pas beaucoup plus du quart de
ce qu'y coûte le transport des autres marchandises;

3° Que sur les 70 millions de tonnes que portent les chemins de fer anglais, 45 millions, c'est-
à-dire près des deux tiers, sont de la houille, et
un peu plus d'un tiers seulement de la marchandise ;

4° Enfin, que sur les 600 millions de francs qui
forment la recette annuelle des chemins de fer anglais, à peu près 100 millions de francs (96 millions) sont dus à la houille, et 200 millions (exactement 194) aux autres marchandises.

Cherchons maintenant dans l'histoire de nos chemins de fer français les faits analogues.

Malheureusement il est impossible de les dégager complétement. Parmi nos grandes Compagnies, deux seulement, le Nord d'abord et l'Est ensuite, sont nettes et explicites sur les faits qui se rapportent au transport des houilles; les renseignements fournis par les autres Compagnies sur ce sujet sont trop incomplets ou trop obscurs pour que nous puissions en faire usage dans cette discussion ; ce que nous pouvons dire avec certitude, c'est que le tonnage total des houilles transportées par les chemins de fer français a dû être, en 1859, un peu supérieur à 4,500,000 tonnes, sans s'éloigner beaucoup de cette quantité, le tonnage total des marchandises de toute sorte étant d'environ 13 millions de tonnes.

On peut dire qu'en France, le tiers du tonnage transporté par les chemins de fer est de la houille; et les deux autres tiers de la marchandise. Quant aux prix de transport, tout ce que l'on sait d'une manière certaine, c'est que, sur le chemin du Nord, le prix total du transport d'une tonne de houille ou coke est descendu à 5 fr. 43 c., et sur le chemin de l'Est à 7 fr. 03 c.

Nous ne pensons pas nous éloigner beaucoup de la vérité en estimant entre 6 fr. 50 et 7 fr. le prix moyen payé par la houille sur tout le réseau français.

Quant au prix moyen payé par toutes les autres marchandises sur le même réseau, comme ce prix s'élève, en moyenne, à 12 fr. 50 c. par tonne sur toutes marchandises marchant par petite vitesse, si les charbons et cokes ont payé le prix de 7 fr., il restera, calcul fait, pour les autres marchandises, celui de 15 francs par tonne transportée.

Nous avons ainsi un ensemble de données, qui, bien que moins précises, moins certaines que celles que nous présentions tout à l'heure pour le réseau anglais, ne s'éloignent pas de la vérité, et nous permettent d'arriver à des rapprochements utiles.

Ainsi, nous pouvons dire d'abord que, sur les 14 ou 15 millions de tonnes de houille que consomme la France, un tiers, tout au plus, est transporté par les chemins de fer ; et nous avons vu tout à l'heure qu'en Angleterre c'étaient, non pas le tiers, mais les trois quarts de la consommation qui entraient dans le tonnage des chemins de fer ; autrement dit, que, quand en Angleterre il se consomme 100 tonnes de houille, 75 ont passé sur les chemins de fer, tandis qu'en France, sur 100 tonnes de houille consommée, 33 seulement ont suivi cette voie rapide et économique ; 66 se sont traînées à destination comme elles ont pu ;

2° Que le prix de transport d'une tonne de houille étant de 7 fr. en France, pendant que celui d'une tonne de marchandise y est de 15 fr., le prix de transport de la houille s'approche de la moitié de celui des autres marchandises, pendant qu'en Angleterre le prix total du transport de la houille ne dépasse guère le quart de celui des autres marchandises;

3° Que sur l'intégralité du tonnage des chemins de fer français, 13 millions de tonnes, un tiers, 4,500,000 tonnes, est de la houille, pendant que sur les chemins anglais le rapport est entièrement renversé.

C'est-à-dire que la France transporte, par chemins de fer, 1 de houille pour 2 d'autres marchandises, pendant qu'en Angleterre, le rapport est de 2 de houille pour 1 d'objets d'autre nature.

C'est-à-dire, enfin, que lorsque la France fait mouvoir 100 tonnes de marchandises, elle les accompagne de 50 tonnes de houille, pendant que l'Angleterre, pour 100 tonnes de marchandises,

met en mouvement, non plus 50, mais 200 tonnes
de houille, quatre fois plus.

Est-ce que ces rapprochements ne font pas res-
sortir à l'évidence que nous sommes, pour le transport des houilles par les chemins de fer, dans des
conditions toutes différentes, sinon opposées à celles
où l'Angleterre se trouve, et que maintenant que
l'on tend à faire une vie commune aux industries
des deux pays, il devient nécessaire que, quant au
principal aliment de l'industrie, la houille, les
conditions de la France se modifient de manière à
la ramener le plus près possible de celles de l'Angleterre.

C'est ainsi qu'il faut que le tonnage des houilles
transportées par chemins de fer s'augmente rapidement pour tendre à absorber une part de plus
en plus considérable de la consommation qui doit
elle-même s'accroître incessamment ;

Que le rapport entre le tonnage de la houille et

celui des autres marchandises transportées par les chemins de fer se modifie incessamment de manière à arriver rapidement tout au moins à l'égalité des deux tonnages ;

Qu'enfin, pour que ces deux résultats puissent être obtenus, le prix de transport de la houille soit réduit de la moitié, proportion actuelle, au quart tout au plus du prix des transports des autres marchandises, en même temps que toutes les communications économiques seront dans toutes les directions créées ou complétées.

En résumé :

Par l'étude de l'état actuel de l'industrie en France, nous avons établi l'absolue nécessité pour elle, dans la nouvelle situation qui lui est faite, d'obtenir sur la houille une notable réduction de prix.

Nous avons vu que l'élévation du prix de la houille tient surtout aux frais de transport.

Nous avons reconnu que la suppression du péage, sur les chemins de fer comme sur les canaux, était un procédé à la disposition du gouvernement, sur ces deux sortes de voies de communication.

Enfin, l'examen comparatif des faits, en France et en Angleterre, a établi qu'en Angleterre la seule force des choses a produit précisément ce qu'une autre force des choses nous amène à proposer pour la France.

Et maintenant, il nous reste à préciser la réduction que produira dans les recettes des Compagnies la modification que nous proposons;

A discuter les voies et moyens pour compenser cette réduction ;

Et enfin à indiquer quelle sera la position des Compagnies en présence du développement du trafic qu'amènera la diminution des tarifs.

Après quoi nous jetterons un coup d'œil sur la situation nouvelle où se trouveront alors les producteurs et les consommateurs de houille, c'est-à-dire les Compagnies houillères, toutes les industries du pays, même l'humble et élastique consommation du foyer, et cet autre grand consommateur assuré désormais, malgré le traité de commerce, aux producteurs français, la marine de l'État.

SUPPRESSION DU PÉAGE POUR LA HOUILLE

SUR LES CANAUX ET LES CHEMINS DE FER

Nous avons à examiner aujourd'hui ce que coûtent aux Compagnies les transports de la houille, ce
que ces transports leur rapportent et quelle réduction sur leurs recettes produira la transformation
que nous proposons d'opérer sur leurs tarifs.

Nous savons que nous pouvons tenir pour certain que les six grandes Compagnies transportent
environ 4 millions 500,000 tonnes de houille pour
le transport desquelles elles reçoivent un prix
moyen de 6 fr. 50 c. à 7 fr.

C'est le moment d'ajouter que, par une coïncidence assez remarquable, le parcours moyen de cette houille sur les chemins du Nord et de l'Est, est, sur l'un et sur l'autre, de 135 kilomètres; admettant le même parcours sur les autres lignes, il en résulte un tarif perçu en moyenne de 5 centimes par kilomètre, si on calcule sur une recette de 6 fr. 75 c. par tonne de houille transportée à destination.

Pour le transport de la houille, les Compagnies reçoivent donc :

30,365,000 francs,

Que leur coûte réellement ce transport ? Ici la question est plus compliquée; mais, malgré sa complication, elle se résout aussi nettement que la précédente.

. Pour se rendre compte de ce que coûte le transport de la houille, il faut, comme le faisait au surplus la commission de 1855, présidée par **M.** le comte Dubois, déterminer d'abord ce que coûte réellement aux Compagnies le transport d'un train à un kilomètre, et appliquer cette dépense au transport d'un train de houille.

Or, voici quelles sont les dépenses que les cinq grandes Compagnies déclarent elles-mêmes pour le parcours d'un train, en 1859 ; ces chiffres sont obtenus par la répartition de l'intégralité de leurs dépenses, à quelque titre que ce soit, sur le total kilométrique du parcours des trains.

Ces dépenses sont classées uniformément sous quatre chefs distincts :

Administration,

Exploitation,

Traction

Et Voie et bâtiments.

Vu l'importance de la discussion, nous produisons les éléments fournis par les six grandes Compagnies elles-mêmes :

	Adminis-tration	Exploita-tion	Traction	Voie et Bâtiments	Total
Nord.	0,108	0,753	0,998	0,361	2,220
Ouest	0,188	1,011	1,042	0,399	2,640
Orléans.	0,120	0,770	0,950	0,400	2,240
Est	0,140	0,700	0,940	0,470	2,250
Lyon-Méditerranée .	0,167	0,987	1,089	0,457	2,700
Midi.	0,312	0,959	1,180	0,594	3,045
Moyenne	0,172	0,863	1,033	0,447	2,515

Nous arrivons ainsi à la constatation de la dépense moyenne totale, par les Compagnies, du parcours d'un train, et nous pouvons dire qu'en moyenne, tout train français en marche coûte moins de 2 fr. 50 c. par kilomètre parcouru, pour toutes les dépenses quelconques auxquelles il donne lieu à quelque titre que ce soit.

Nous disons moins de 2 fr. 50 c., parce que, dans la composition des moyennes ci-dessus, le chemin de fer du Midi, par exemple, qui présente les chiffres les plus élevés, ne fournit que 3 millions de kilomètres de parcours de trains, pendant que le Nord, dont les chiffres de dépense sont les plus faibles, en fournit plus de 9 millions, d'où résulte que les éléments provenant du chemin de fer du Midi, entrant sur le même pied que ceux du Nord dans la détermination de la moyenne, l'élèvent au-dessus de sa valeur réelle.

Nous aurions pu, sans doute, déterminer les moyennes véritables, mais nous aurions complique notre discussion, que nous voulons au contraire nous efforcer d'éclaircir.

Admettons donc ce résultat, 2 fr. 50 c. par train parcourant un kilomètre.

Mais toute cette dépense de 2 fr. 50 c. se partage-t-elle également entre tous les trains ?

Un train de houille seule,

Un train de marchandises de toute sorte,

Un train de voyageurs,

Occasionnent-ils aux Compagnies les mêmes dépenses ?

Examinons dans leur réalité et un peu dans leurs détails les quatre éléments qui composent ces dépenses.

Prenons d'abord le premier chapitre, administration centrale; il se divise dans les articles suivants :

Traitement du personnel de l'administration centrale;

Assurances, loyers, contributions ;

Frais de bureau, impressions, affiches, annonces ;

Abonnement au timbre ;

Frais de police et de surveillance.

Est-il raisonnable, nous le demandons, d'attribuer sur ces dépenses une part égale à un train de houille et à un train de voyageurs, et n'atteindrons-nous pas, ne dépasserons-nous pas la mesure équitable, si nous chargeons un train de houille du cinquième de la dépense de ces frais d'administration.

Passons au second chapitre, *Frais d'exploitation*. En voici les divisions :

Traitement du personnel du service central du contrôle, etc., etc. ;

Personnel des gares et stations ;

Billets, impressions, frais de bureau ;

Éclairage et chauffage des gares et stations ;

Personnel des inspecteurs, conducteurs et fac-
teurs des trains ;

Indemnités de déplacement du personnel des
trains ;

Éclairage et menues dépenses des trains ;

Service du factage et du camionnage ;

Indemnités pour pertes d'effets et avaries.

Ici la presque totalité des articles est absolument
étrangère au service des houilles, et l'on va cer-

tainement assez loin, si l'on attribue aux trains à houille le dixième des dépenses de ce chapitre, *Exploitation*, que, sur sa simple dénomination, on aurait été disposé à admettre comme devant entrer à la charge des trains de houille comme des autres : nous fixerons toutefois cette part à 1/5 comme pour le chapitre précédent.

Quant aux deux autres chapitres, *Traction* et *Voie et bâtiments*, admettons que les trains de houille doivent en supporter une part égale à celle dont on chargerait les autres trains, et cela en supposant qu'il s'établit une certaine compensation entre les vitesses et les poids transportés, une autre entre la nature et le nombre des véhicules ; en admettant enfin, très-gratuitement, qu'il y aurait lieu de faire participer les trains de houille à la dépense des bâtiments.

Nous arriverons ainsi à recomposer la dépense intégrale à la charge d'un train de houille pour un

parcours d'un kilomètre, avec les éléments ci-
après :

Frais d'administration, 1/5ᵉ de 0,172 0,034
Frais d'exploitation,   1/5ᵉ de 0,863 0,172
Frais de traction,   le tout   1,033
Voies et bâtiments,   le tout   0,447
                                        ―――――
                 Total,   Fr. 1,686

pour un train de houille parcourant un kilomètre sur toutes les lignes françaises.

Or, on sait que sur le chemin de fer du Nord,
un train de houille à pleine charge porte jusqu'à
400 tonnes de houille; et si l'on admet que la
charge moyenne des trains de houille est, sur
toutes les lignes, de 168 tonnes 6, on arrive à ce
résultat extrêmement remarquable que, dans l'état
actuel des choses, sans aucune transformation,
sans aucun progrès, les Compagnies de chemins
de fer en France dépensent réellement et exactement 1 c. par tonne de houille transportée à 1 kilomètre.

Hâtons-nous de dire que, pour être équitable et tenir compte largement des conditions générales du transport des houilles, il faut supposer que les trains qui portent la houille reviennent absolument à vide ; il en résulte qu'il convient d'apprécier la dépense réelle, non pas à 1 centime, qui est la dépense du train chargé, mais au double, c'est-à-dire à 2 centimes, pour tenir compte du kilomètre à parcourir pour le retour.

Telle est donc aujourd'hui la véritable situation moyenne, exactement calculée, des Compagnies françaises de chemins de fer, en ce qui concerne les transports de houille.

Elles reçoivent 5 centimes par tonne de houille transportée, elles dépensent 2 centimes : il leur reste un bénéfice net de 3 centimes par tonne et par kilomètre.

Si nous traduisons ces recettes et dépenses kilométriques en recettes et dépenses totales par tonne déplacée, et en recettes et dépenses annuelles, nous trouvons que chaque tonne de houille transportée ayant produit, comme nous l'avons dit, 6 fr. 75 c., le transport en a effectivement coûté 2 fr. 70 c.;

Et que le bénéfice, pour les Compagnies, a été de 4 fr. 05 c.;

Et que, annuellement, les recettes pour le transport de la houille ont été de. . . 30,375,000 fr.

Pour une dépense de. . . . 12,150,000 fr.

Laissant un bénéfice net de . 18,225,000 fr.

Voilà, ce nous semble, la question singulièrement éclaircie.

De quoi s'agit-il à nos yeux, finalement ? De faire que le pays tout entier puisse consommer ses houilles en payant seulement les 12,150,000 fr., et

en indemnisant les Compagnies des 18,225,000 fr.
de bénéfices qu'elles cesseraient de toucher.

Il s'agit encore de combiner les arrangements
à faire à ce sujet, de manière à exciter le développement des transports et de la consommation de
la houille, tout en ménageant aux Compagnies un
bénéfice suffisant sur l'accroissement de trafic qui
résultera de la réduction des tarifs.

Nous avons dit que nous basions notre combinaison sur l'affranchissement des houilles de tout
péage sur les chemins de fer comme sur toutes les
autres voies qui desservent le pays, et que ce que
nous entendions racheter aux Compagnies, moyennant une juste indemnité, c'était ce péage, compris pour une part importante dans les bénéfices
qu'elles tirent en ce moment du transport des
houilles.

Dans le péage est compris l'entretien de la
voie.

Nous avons vu que cet entretien entre pour
0 fr. 447 dans la dépense totale, 1 fr. 686, du parcours kilométrique d'un train de houille. D'où résulte qu'abstraction faite des frais de la voie, la
dépense kilométrique d'un train de houille se réduit à 1 fr. 24 c.

Si un train porte 168 tonnes, si on suppose qu'il
retourne à vide, la dépense par kilomètre et par
tonne de houille transportée sera de 1 c. 47, au
lieu de 2 c., que nous trouvons pour la totalité des
dépenses des Compagnies, en y comprenant l'entretien de la voie.

Si donc nous supposons que l'on ait racheté aux
Compagnies le péage sur les houilles, leurs dépenses se réduiront à 1 c. 47 par tonne de houille
transportée à un kilomètre, aller et retour.

Continuant cette supposition du péage racheté,
établissons la position nouvelle des Compagnies,
telle que nous entendons qu'on la fera.

Disons d'abord que, pour la houille, le tarif nouveau et uniforme de toutes les Compagnies devrait être :

1° Un droit fixe de 0 fr. 50 c. par tonne (5 fr. par wagon de 10 tonnes) pour toute houille expédiée à quelque distance que ce soit ;

2° 2 c. par tonne et par kilomètre parcouru.

Il résultera de ce tarif un prix total de transport de 3 fr. 20 c. pour une distance de 135 kilomètres, et nous avons vu tout à l'heure que la véritable dépense totale actuelle, en y comprenant l'entretien de la voie, est de 2 fr. 70 c.; nous allouons donc aux Compagnies 20 °/₀ en sus de leurs véritables dépenses.

Cela posé, déterminons l'indemnité à allouer aux Compagnies pour les remettre dans leur position actuelle, en supposant qu'elles ne perçoivent que le nouveau tarif au lieu de l'ancien.

Nous avons vu que le mouvement des houilles sur le réseau des chemins de fer français a été, en 1859, de 4 millions 500,000 tonnes transportées à une distance moyenne de 135 kilomètres, représentant conséquemment 607,500,000 tonnes transportées à 1 kilomètre;

Que, pour ce service, il a été perçu par les Compagnies une somme totale de 30,375,000 fr.

Appliquons notre nouveau tarif, nous aurons :

1° Droit fixe, 4,500,000 tonnes
à 50 c. . . . . 2,250,000 fr.

2° 607,500,000 tonnes trans-
portées à 1 kilomètre à 2 c. 12,150,000

Il reste donc un déficit de. . . . 15,975,000

Pour reproduire la recette totale
actuelle . . . . 30,375,000 fr.

Ainsi, l'indemnité totale à allouer aux Compagnies pour cette importante transformation, pour réaliser une véritable révolution dans les conditions économiques de l'industrie du pays, exigerait un sacrifice annuel de moins de 16 millions de francs, c'est-à-dire de moins du tiers, et nous osons ajouter de moins du quart du sacrifice au-devant duquel le Gouvernement a marché avec tant d'empressement pour le dégrèvement du sucre et du café.

Quant aux voies et moyens pour réaliser ces 16 millions, on les trouvera facilement dans les rapports de l'État avec les Compagnies elles-mêmes, si l'on veut bien supposer avec nous que le Gouvernement leur abandonne la moitié de l'impôt sur les voyageurs, et sur la grande vitesse, l'intégralité de l'impôt sur les titres, qui leur est si désagréable ; enfin, qu'il leur accorde la libre entrée de la Bourse, qu'elles ont si souvent demandée, sauf à renvoyer cette charge sur qui de droit.

Ces sacrifices de la part de l'État suffiraient

parfaitement, puisque l'impôt sur les voyageurs et sur la petite vitesse atteint ou dépasse 20 millions de francs, et que l'impôt sur les titres des Compagnies ne s'éloigne pas de 5 millions.

D'ailleurs, les Compagnies elles-mêmes trouveront facilement des compensations à proposer à l'État, chacune selon sa situation.

Nous n'entendons pas, au surplus, que chacune d'elles recevra, en compensation de ce qu'elle perdrait sur les transports de houille, la part d'impôt qui pèse sur elle ; évidemment cela ne peut pas être. La part de l'impôt à employer au rachat serait un fonds commun où l'État puiserait la part afférente à chaque Compagnie. Ainsi, par exemple, la perte qu'éprouverait la Compagnie d'Orléans par la transformation du tarif serait seulement, autant qu'on peut le calculer d'après son rapport de 1860, de 374,000 fr.

Le seul impôt qu'elle paye sur les titres doit

présenter plus du double de cette somme, et l'impôt sur la grande vitesse une somme de plus de
4 millions de francs.

Par contre, la perte du chemin de fer du Nord,
et, partant, l'indemnité à lui allouer serait de
3,700,000 fr., pendant que la moitié de l'impôt
sur ses voyageurs ne serait que de 1,425,000 fr.,
et l'impôt sur ses titres d'une somme approchant
probablement de 500,000 fr., d'où résulterait naturellement une insuffisance pour laquelle on aurait
recours à la part d'impôt provenant des autres
lignes, et notamment de celle d'Orléans, dont nous
venons de parler.

Nous ne pousserons pas plus loin cette analyse;
nous pensons que, pour tout esprit libre et sans
prévention, la possibilité, la facilité d'exécution de
la mesure sont démontrées de manière à ce que
toute insistance à cet égard soit superflue.

Portons maintenant nos regards en avant et examinons rapidement les conséquences pour l'industrie, pour les Compagnies de chemins de fer, pour les houillères de l'application des nouveaux tarifs.

Nous savons que, sur les chemins de fer français, les houilles payent aujourd'hui, en moyenne, en frais de transport, 6 fr. 75 c. pour un parcours moyen de 135 kilomètres ; ce qui, pour nous, signifie que la surcharge de 6 fr. 75 c., prix de transport par les chemins de fer, est tout ce que nos houilles peuvent, en moyenne, supporter pour arriver utilement à la consommation.

Avec le nouveau tarif, les houilles payeront, pour 135 kilomètres, 3 fr. 20 c. au lieu de 6 fr. 75 c. Elles pourront donc aller beaucoup plus loin et y être encore admises ; le rayon d'approvisionnement, soit à partir des houillères, soit à partir des établissements consommateurs, s'augmentera considérablement. Il sera plus que doublé ; la houille pourra arriver à plus de 300 kilomètres sans payer un prix de transport plus élevé que celui qu'elle paye en ce moment pour le parcours moyen actuel de 135 kilomètres.

D'un autre côté, les autres moyens que nous avons proposés pour réduire le prix des houilles à la consommation doivent agir simultanément ; n'employer que la suppression du péage sur les canaux, que la suppression du péage sur les chemins de fer, que l'assistance pour la construction des embranchements ou pour l'établissement des entrepôts, ce serait faire une œuvre incomplète, impuissante pour les intérêts généraux ; ce serait servir seulement quelques intérêts privés, respectables sans doute, mais isolés.

Pendant que poursuivre et exécuter à la fois l'ensemble de ces mesures, en y joignant celles que l'on voudra bien indiquer dans le même sens et que l'on trouvera certainement, ce sera accomplir une œuvre de la plus haute importance et réaliser d'un seul coup la partie la plus féconde, et, en même temps, la plus difficile du programme du 5 janvier.

L'abaissement du prix de transport des houïlles, résultant de la modification des tarifs, s'élèvera à près de 4 fr.; nous n'estimons pas à moins de 5 à 6 fr. les réductions que produiraient les autres mesures que nous avons proposées.

Mais, voulût-on réduire cette appréciation à la plus extrême limite, il serait impossible de l'abaisser jusqu'à 3 fr. 20 c., qui représentent l'intégralité du prix de transport que les houilles payeront alors en moyenne sur les chemins de fer.

D'où résulterait finalement, comme minimum d'économie sur le prix de la houille, l'intégralité de ce qu'elle paye aujourd'hui pour transports sur le chemin de fer, le prix du transport, d'après le nouveau tarif, étant réduit à 3 fr. 20 c., et ces 3 fr. 20 c. étant certainement couverts, et bien au delà, par les économies résultant des autres moyens proposés.

En sorte que désormais la France entière se trouverait, par comparaison avec sa situation actuelle, entièrement affranchie du transport de la houille par les chemins de fer.

Tout le pays serait ramené à la condition actuelle de cette zone privilégiée que nous signalions au commencement de cette étude, et composée de dix départements qui payaient la houille 14 fr. la tonne, alors que les 76 autres la payaient 30 fr.

Ce que nous disions avec un sentiment profond de découragement, que dans ces 76 départements l'industrie était impossible, cessera d'être une loi aussi rigoureuse.

Sans doute, il restera un écart considérable encore entre l'industrie anglaise et la nôtre, mais les

impossibilités pourront se transformer en difficultés, les difficultés seront atténuées;

Et la seule perspective d'une amélioration aussi
sensible, sur le point évidemment le plus faible
et le plus menacé, rendra à l'industrie le courage
nécessaire pour ne pas désespérer tout à fait des
chances d'une lutte qu'une partie de ses défen-
seurs considère comme impossible.

Elle trouvera là aussi, pourquoi ne pas le dire?
le témoignage, de la part du Gouvernement, d'une
bienveillance dont certaines paroles et certains
actes, depuis le traité de commerce, n'ont pas été
l'expression, et à laquelle elle croit avoir droit au
moment où sa position devient si précaire et si
inquiétante.

Quant à l'industrie, donc, l'influence de ces mesures serait aussi avantageuse qu'assurée.

Quant à nos houillères, la concurrence s'établit entre elles et la production étrangère, en partant, pour elles du carreau de la mine, pour la production étrangère, de la frontière.

A la frontière, le prix moyen *actuel* est de 18 fr., — d'après les tableaux officiels du commerce extérieur; en France, le prix de vente sur le carreau de la mine peut être, en vue de la concurrence avec l'étranger, apprécié à 10 fr.; les 8 fr. qui forment la différence, entre les deux prix au point de départ, représentent, au nouveau tarif, un parcours de 375 kilomètres. — Les houillères françaises auraient donc sur les houilles étrangères une avance de 375 kilomètres, au lieu de celle de 160 kilomètres qu'elles ont actuellement, au tarif de 5 centimes.

Il résulte de là que, dans leur lutte avec les houilles étrangères, leur champ se développera dans un rayon bien autrement étendu que celui qui leur appartient aujourd'hui, et qui, en moyenne, ne dépasse pas 135 kilomètres.

N'est-il pas évident dès lors que la production nationale devra s'accroître aussi rapidement que pourront le permettre les conditions naturelles du progrès que peuvent réaliser les exploitations ? progrès, au surplus, qui ne saurait être trop rapide en face de cette nouvelle constitution du marché national.

On peut dire que, désormais, l'accroissement des importations de houille devra cesser absolument, toutes les augmentations de la consommation intérieure devant appartenir à la production nationale.

Mais ce n'est pas seulement à s'emparer des accroissements de la consommation intérieure que devront se borner les efforts des houillères françaises, elles devront, et elles le pourront, refouler hors du pays les houilles étrangères et s'emparer, peu à peu, au moins de la moitié de la consommation qu'alimente en ce moment la production étrangère.

Cette consommation, qui s'élève à environ 6 millions de tonnes, offrirait donc à nos houillères, pour leur développement, une marge de 3 millions de tonnes, c'est-à-dire qu'avec le développement naturel de la consommation nationale, elles auraient la perspective d'un accroissement de 50 % de leur production.

Jamais aucune industrie générale, si ce n'est celle des chemins de fer, n'aurait eu devant elle une aussi magnifique et aussi utile carrière à parcourir. — Utile, en effet, à tous égards, puisque ces 6 millions de tonnes de houille, qui nous viennent en ce moment de l'étranger, nous coûtent, d'après les états du commerce extérieur, 108 millions de francs. — Si nous les extrayions nous-mêmes de notre sol, ils nous coûteraient 60 millions; ce serait donc de ce seul chef une économie annuelle de 48 millions pour le pays, sans compter que les 60 millions y seraient dépensés en salaires et autres frais, au lieu d'aller courir à l'étranger à la recherche des bénéfices illusoires dont le libre-échange se plaît à nous bercer.

L'accroissement de production des houillères serait donc une œuvre d'utilité publique, et le progrès de cette industrie, l'une des bases de toutes les autres, assuré pour un long avenir.

Voyons maintenant ce qui se passera pour les Compagnies de chemins de fer. Nous partons de cette base qu'elles sont indemnisées du péage auquel elles ont renoncé.

Leur traction leur coûte de 1 fr. 47 c. par tonne de houille transportée à 1 kilomètre. — Elles reçoivent 2 centimes et le droit fixe de 50 centimes. — Il y a donc pour elles un avantage évident à étendre les transports de houille.

Si ces transports sont augmentés de 50 %, comme il n'est pas impossible de l'espérer dans un avenir même assez prochain, et si le parcours s'accroît de 1/3, ce qui paraît inévitable, leur recette, de ce chef, passera de 14,400,000 fr. à 29,000,000 fr., et la dépense de 8,820,000 à 17,640,000 fr. et, partant, le bénéfice de 5,580,000 fr. à 11,360,000 fr.

Elles auront en outre, comme bénéfice additionnel, premièrement toute l'économie que leur procurera le transport, soit sur leur ligne, soit sur les autres, des combustibles qu'elles consomment;

2° Tout ce que les combinaisons si intelligentes qu'elles appliquent à leur trafic sauront percevoir sur les wagons à houille, retournant à vide et dont le parcours est tout à fait gratuit pour elles, puisqu'il est entré comme élément dans la détermination du nouveau tarif et qu'il en aura dû être tenu compte dans la transaction;

3° Et surtout, tout ce que produira le tonnage que les Compagnies trouveront moyen de faire porter par chaque train de houille, au delà de la

quantité de 168 tonnes qui a servi de base à nos
.calculs.

Avons–nous besoin de dire que, dans cette
situation nouvelle, les Compagnies n'auront rien à
regretter ?

D'un autre côté, l'État aura fait un sacrifice des
plus fructueux et qui ne laissera dans aucun esprit,
bienveillant ou non, ni les doutes ni les regrets
que d'autres sacrifices analogues pourraient pro-
voquer.

Il économisera probablement deux millions sur
le transport des houilles françaises destinées à la
marine nationale.

Les houillères, au profit desquelles la transformation tout entière aura été opérée, lui devront des
progrès considérables et qui tourneront au grand
avantage du pays.

Quant à l'industrie nationale, inquiète et découragée enprésence de mesures que le Gouvernement de l'Empereur a cru devoir prendre, non pour donner raison à des opinions que, dans un autre temps, une plume dont nous avons osé quelquefois invoquer l'autorité, qualifiait de *funestes théories,* mais peut-être dans des vues profondes de prévoyance souveraine, devant lesquelles nous devrions nous incliner et nous taire, l'industrie retrouvera par là, sinon une bonne situation pour combattre, du moins cette assistance sérieuse et efficace que nous demandions au commencement de ces débats, pour la garnison, attaquée par des forces supérieures, derrière les ouvrages d'une place démantelée.

PARIS. — IMP. POITEVIN ET Cie, RUE DAMIETTE, 2.

www.ingramcontent.com/pod-product-compliance
Ingram Content Group UK Ltd.
Pitfield, Milton Keynes, MK11 3LW, UK
UKHW022349090726
13658UKWH00002B/548

9 782019 949785